JN410779

그대 있음에 삶의 향기가…

그대 있음에 삶의 향기가…

초판 1쇄 인쇄 2016년 4월 19일
초판 1쇄 발행 2016년 4월 24일

지은이 이기수
펴낸이 金泰奉
펴낸곳 한솜미디어
등 록 제5-213호

편 집 박창서, 김수정
마케팅 김명준
홍 보 김태일

주 소 (우05044) 서울시 광진구 아차산로 413(구의동 243-22)
전 화 (02)454-0492(代)
팩 스 (02)454-0493
이메일 hansom@hansom.co.kr
홈페이지 www.hansom.co.kr

ISBN 978-89-5959-444-3 (03810)

그대 있음에 삶의 향기가…

이기수 지음

한솜미디어

| Prologue |

글을 열기 전에…

『시간을 잃어버린 마을을 찾아서』, 『하나아 두우울 하며 살자』, 『삶은 심리전이다』, 『굴레여 이젠 안녕!』 4권의 책을 10년이란 세월 속에 내놓았었다. 이제 소설가 김홍신 교수님의 말씀을 넘어 다섯 번째 글을 열게 되었다. 이런 힘과 용기는 그대들이 있음에 가능하였다.

내 주변에 늘 존재하고 있는 그대들! 가족, 친구, 선배, 후배, 지인, 그리고 영원히 잊을 수 없는 부모님 등등 모두가 나에겐 그대였고 정신적 후원자로서 나를 키워준 고맙고 사랑하는 소중한 인연의 자산이다.

세상만사가 나에게 이야기 소재를 제공해 주었고 세렝게티 공원을 맘껏 뛰놀다 갑자기 서서 주위를 살피는 초식동물처럼 길을 가다가 걸음을 멈추고 떠오른 생각을 남겼고, 산에 오르다가도 바위에 걸터앉아 스치는 느낌을 스케치하며 순간의 생각을 정리하였다.

더 이상 뭔가에 집착하지 않고 구속에서 벗어나 서두르지 않고 마음 편히 글로 옮겼다. 『그대 있음에 삶의 향기가…』를 통해서 독자 여러분도 사랑하는 그대를 다시 음미하는 계기가 되었으면 한다.

이기수

| 차 례 |

2부
시(詩)

1부

수필

세상에서 가장 아름다운 것은?

9월이 지나가기 하루 전 일요일 아침, 가을비가 대지를 적시러 내려오고 있다. 모두가 한 하늘에서 탄생하여 출발했건만 어떤 놈은 땅바닥으로 직접 방울을 튀기며 내려앉고 또 다른 놈은 학교 운동장에 마련된 등나무 벤치 위로 떨어졌다가 잠깐 숨을 돌린 후 밑으로 향한다. 자동차 지붕 위로, 아파트 옥상에, 수양버들 나뭇가지에, 강물 위로, 우산 위로, 그리고 사람의 머리 위로 각자의 운명에 따라 갈 길을 간다.

사람은 태어나서 기다가, 걷다가, 뛰다가, 다시 걷다가, 그리고 기어서 돌아간다. 좌우지간 모두가 왔다가 가는 건 마찬가지다. 이렇게 왔다가 가는 도중에 각자의 삶이 그려진다. 다 같이 삶이라는 그림을 그려도 어떤 사람은 환하게, 또 어떤 사람은 어둡게, 또 다른 사람은 화려하게, 또는 담백한 모습의 작품을 내놓는다.

하루 세 끼 먹는 건 비슷하겠지만 잠자리에 들 때까지 생활하는 모습이 각양각색이듯이 한평생 사는 내용도 모두 다를 것이다.

그러면 태어나서 죽을 때까지 아름답게 산다는 건 어떤 것일까? 물론 사람마다 생각이 다를 수 있다. 평생 건강하게 살면서 병원에 한 번 가지 않고 생을 마감하는 모습도 아름답다고 평가받을 수 있고, 기부천사가 되어 이름을 감추고 어려운 이웃을 찾아 선행을 밥 먹듯이 하며 사는 모습도 아름답다고 생각할 수 있다.

소설가 최인호 선생처럼 고등학교 2학년 때부터 문단에 데뷔하여 만 68세까지 좋은 글을 써서 많은 사람들에게 잊지 못할 추억과 감동을 남기면서 떠난 모습을 존경하며 아름답다고 느끼는 사람도 상당히 많을 것이다.

또는 '울지 마 톤즈'의 주인공이며 수단의 슈바이처라 불리는 이태석 신부처럼 헐벗고, 굶주리고, 병에 걸린 주민들에게 의료봉사를 하며 공부도 가르치고 밴드도 지휘하며 삶이 고역인 사람들에게 용기와 희망을 불어넣다가 48세에 생을 마감한 모습이 제일 아름다운 삶이라며 존경하는 마음을 가질 수도 있다. 그래서 아름다움이란 혼자가 아닌 '더불어'일 때 그 빛을 더 발한다는 걸 깨닫게 된다.

그럼 우리같이 지극히 평범한 사람들에게 있어 세상에서 제일 아름다운 것은 무엇일까? 돈을 아주 많이 버는 것? 매우 건강한 것? 아무 탈 없이 직장생활을 오랫동안 하는 것? 운동을 남보다 훨씬 잘하는 것? 사회적 지위가 높은 것? 남한테 술 잘 사는 것? 남을 웃기는 것? 글쎄 잘은 모르겠지만 아름다우려면 첫째로 거짓이나 허위 없이 본인이 생각해도 떳떳해야 한다. 둘째로 한자의 '믿을 신(信)'이 사람 인(人)에 말씀 언(言)으로 구성되어 있듯이 본인 입으로 뱉은 말은 꼭 지키는 것이다. 그리고 남을 해치지 않고 자신의 생각대로 세상에 도움이 되는 행동을 실천할 때 그 크기와 내용을 불문하고 아름다운 일이라고 생각할 수 있다.

물론 가족을 위해 자신을 희생하는 사랑도 아름답고 많은 사람에게 지식을 제공하는 일도 아름다운 가치가 있다. 저마다 갖고 있는 능력이 다르듯 남에게 도움이 되는 일 또한 많다. 나 살기도 바쁜데 배부른 소리한다고 느낀다면 영원히 아름다운 삶을 맛보지 못하게 될 것이다. 사회가 밝아지려면 크고 작은 아름다운 일이 그 대상을 구분하지 않고 계속 일어나야 한다. 삶을 아름답게 가꾼다는 건 하는 일이나 마음씨가 훌륭하고 갸륵하다는 것이다. 얼굴이 예쁘고 옷차림이 곱다고 하더라도 마음 씀씀이가 훌륭해야 진짜 아름다운 사람이다.

우리 주변에는 겉과 속의 균형을 이루지 못하고 살아가는 사람들이 너무 많다. 유명 인사들 중 겉으로는 몰랐지만 나중에 신문보도를 통해 그 사람의 속을 알았을 때 크게 실망하는 경우가 많았다. 세상에 널리 알려진 제 이름에 걸맞은 행동이나 구실을 못해서 오랫동안 가짜 아름다움이었다고 판명 나는 수많은 사건들을 보면 허탈해진다. 일국의 대통령을 지낸 사람도, 한국에서 제일 크다는 교회의 목사도, 이름만 들어도 다 아는 유명한 스님도, 몇십 년간 사회복지기관을 운영하며 수많은 상을 탔던 재단 이사장도, 몇십 개의 기업을 거느린 총수도 속으로는 개인의 사리사욕만 채우면서 껍데기만 남을 위한다는 명분으로 쇼(show)를 했다는 보도를 접할 때마다 또 속았다는 허망함과 함께 아름답게 산다는 게 진정 어려운가를 다시 생각하게 된다.

자신에게는 차갑게, 남에게는 따뜻하게, 그리고 어떻게 사는 게 아름답게 사는 것인지 훌륭한 분들의 삶을 엿보면서 용기를 내어 조그마한 행동부터 흉내 내며 실천하다 보면 자신도 모르게 아름다운 삶을 만들어갈 것이다. 세상을 아름답게 보는 눈과 삶을 아름답게 영위할 수 있는 의식이 있다면 누구나 아름다운 사람이 될 자격을 갖춘 셈이다.

살다 보면 우리에겐 그리 많은 돈이 필요하지도 않고 남을 돕는 데도 그리 많은 시간과 돈이 드는 게 아니라는 것을 알게 된다. 나보다 어려운 이웃에게 관심과 사랑으로 접근하면 그것이 생활의 일부가 되고 삶의 윤활유가 되어 세상을 긍정적으로 보는 데 도움이 될 것이다. 또한 그것이 바탕이 되어 행복이라는 바이러스를 전염시키며 주변과 잘 어우러져 살아갈 수 있다. 이것이야말로 세상에서 가장 아름다운 모습이 아닐까?

행복한 노예?

흔히 현대인은 문명의 노예가 되었다는 말을 많이 한다. 쉬운 예로 카톡을 보내고는 답신이 왔나 안 왔나, 상대방이 읽기는 했나를 확인하려고 잠시도 기다리지 못하고 핸드폰을 계속 들여다본다. 자동차 문화가 대중화되면서 옛날 같으면 서너 정류장은 당연히 걸어갈 것을 지하 차고로 내려가 자동차에 몸을 싣는다.

문명이 급속도로 발달하면서 편리함이 말도 못하게 늘어났지만 반대로 피해도 비례해서 증가했다. 가까운 거리도 자동차를 이용하면서 운동량이 부족해서 배가 나오고 이를 해소하려고 돈을 들여 헬스클럽을 등록하다 보면 자동차세와 기름값, 보험료는 물론 헬스 비용까지 이중삼중으로 부담하게 된다. 상대방과 필요할 때 즉시즉시 그 자리에서 핸드폰으로 통화하므로 한 가족의 통신비가 한 달에 몇십만 원씩 나온다.

세상에 공짜는 없다. 편리함을 제공받으려면 반드시 그 대가를 지불해야 한다. 자식이 결혼하고 나면 홀가분할 줄 알았는데 직장생활을 하는 게 안쓰러워 반찬을 준비할 때도 자식들 몫까지 염두에 두고 장을 본다. 여기서 끝이 아니다. 자식이 출산이라도 하게 되면 손주를 돌봐줘야 자식들이 좋아하는 시대다.

물론 누군가를 돕는다는 건 보람되고 행복한 일이다. 하지만 경제적으로 육체적으로 시간적으로 여유를 만끽해야 할 노년에 또다시 자식 뒷바라지에 끌려다니느라 고생하는 게 그리 유쾌한 일은 아니지만 그래도 내 자식이 조금이라도 편하게 잘 사는 걸 보고 싶은 게 부모의 심정인지라 많은 사람들이 어쩔 수 없이 현실과 타협하며 살아간다. 행복한 노예(?)라고 생각하면서 자의 반 타의 반으로 신경을 쓰게 된다. 우리는 시간이 흐른 뒤에야 잘못을 깨닫고 후회하는 습성이 있다. 그것도 반복해서 실수를 저지른다. 결혼하여 자식을 키우면서 부모님의 마음을 이해했듯이 우리 아이들도 똑같은 과정을 밟아가며 자식 사랑이 뭔지 부모님에 대한 효도가 뭔지를 알게 될 것이다.

노예의 사전적 의미는 가축처럼 소유주의 재산이 되어 매여 지내는 사람이다. 자기를 내세우지 못하고 항상 남의 밑에 매여 살아간다. 그러나 돌이켜보면 돌아가신 부모님은 자식을 위하여 스스로 노예를 자처했던 분들이다. 그저 자식이 잘되기만을 바라며 당신들의 입보다 자식들의 입이 먼저라는 생각에 맛있는 고기 한 점이라도 더 먹이려고 젓가락을 다른 곳으로 향했고, 당신 자신들은 여행 한 번 안 가며 여름방학 때 자식들의 캠핑 비용은 선뜻 내주셨다. 이제 와서 생각해 보니 그런 의식과 행동은 자식에 대한 한없는 내리사랑으로 당신들의 행복이라고 느끼면서 삶의 보람을 찾았던 것이다. 이제 우리도 그분들의 나이가 되어가면서 똑같은 상황에 이르렀다.

피는 물보다 진하다고 시대가 변했어도 우리도 어쩔 수 없이 그분들의 의식과 행동을 닮아가고 있다는 걸 느끼곤 한다. 자세히는 모르지만 아내는 시장을 볼 때마다 이런 생각을 하면서 구입량을 정할 것이다. 자식들은 모를 것이다. "내리사랑은 있어도 치사랑은 없다"는 말의 뜻을. 요즘 부모가 자식을 사랑하는 만큼 자식도 부모를 사랑할 것이라고 믿는 부모는 없을 것이다. 왜냐하면 우리도 우리네 부모님이 돌아가신 후에야 알게 된 사실이니까.

형편이 되는 대로 자식들에게 베풀며 살고 싶은 게 부모님의 변하지 않는 마음이다. 그야말로 행복한 노예가 되기를 스스로 자처하는 게 부모의 심정이다. 단지, 늙으면 자식들이 부모를 봉양할 것이라는 기대는 저버리고 살아야 슬픔의 눈물이 남지 않을 것이다. 사람 사는 게 다 그런 거지 하며 인정해야 실망이 크지 않을 수 있다는 뜻이다.

우리 시대 대부분의 남편들은 밖에서 열심히 일해서 한 푼이라도 더 벌어 집에 갖다 주는 걸 삶의 보람으로 생각했고 그것이 본인의 행복이라고 치부하며 살았다. 이것도 행복한 노예를 자처한 삶이다. 가족을 위한 일이라면 열 일 제쳐놓고 자신을 희생하면서 살아가는 모습은 아이를 키우는 엄마와 마찬가지로 아빠도 똑같다는 걸 나이가 지긋이 들어갈 즈음에서야 아내는 깨닫는 것 같다.

일상 속에서 핸드폰을 쓰면서 노예는 될망정 순간순간의 편리함에 감사하는 이유도 작은 행복을 느끼기 때문이고 자동차를 끌고 다니면서 배가 나와도 계속 노예가 되는 건 시간을 쪼개서 쓸 수 있기에 그 대가를 지불하는 것이다. 자식의 마음을 알면서도 끌리는 것은 귀찮고 불편하고 부담은 되지만 그래도 사랑이라는 선물을 줄 수 있기에 스스로 행복한 노예가 되는 것이리라. 친구들과 만나서 얘기를 나눌 때는 "너도 어려운데 뭘 그리 자식들에게 퍼주려 하느냐"고 닦달하지만 집에 들어오는 순간, "아빠!"라는 소리에 본인은 정반대의 행동으로 변하는 게 부모다.

처음엔 아내의 일방적인 내리사랑에 늙어서 우리는 어떻게 하려고 그러느냐며 반발했지만 1년, 2년 지나면서 동화되어 가고 있다. 손주가 생기면 집사람이 어떻게 대처할지 벌써 그려진다. 말로는 아니라고 하지만 보나마나 충실하고 행복한 노예로 변할 것이다.

사는 게 뭐 별거냐. 선을 긋고 이건 되고 저건 안 되고가 아니라 그때그때 지혜롭게 대응하며 사는 것이 삶이 아닌가 싶다. 나중에 후회할망정 지금 당장 보람되고 행복을 느낄 수 있다면 계곡을 흘러내리는 물처럼 현실의 지형을 따라갈 수밖에.

고마운 일들

동네 소공원, 할아버지 두 분이 벤치에 앉아 물끄러미 각자의 앞을 바라보고 계시고 반대편에는 어린아이들이 아침부터 짹짹짹 신나게 놀이를 한다. 우측에는 머리가 긴 청년이 핸드폰에 빠져 있다.

잠시 후 할머니 한 분이 공원을 질러가는데 앉아 계시던 할아버지가 "안녕하세요"라며 인사를 건네니 할머니는 "일찍 나오셨네요" 하며 지나치신다. 벤치 아래 깔려 있는 붉은 벽돌바닥 틈새에서는 특별히 씨도 뿌리지 않았건만 자그마한 잡초들이 제각기 얼굴을 내밀어 삭막한 분위기를 살짝 녹여주고 있다.

어떻게 이곳에서 탄생했는지 모르지만 대단한 생명력이다. 이 생명력은 외롭고 적적한 공원을 찾는 이들의 심심함을 달래준다. 고마운 잡초들, 동물처럼 어미의 보살핌을 받는 것도 아니건만 자라나 무심코 지나가는 사람들에게 밟히면서도 꿋꿋하게 살아 있는 걸 보면 기적 같다. 그렇게 살면서 인간을 위로함에 고마울 뿐이다.

누구나 다른 사람들에게 고마운 일을 하며 살아간다. 아비는 가족을 위해 생활비를 버느라 아침 일찍부터 밤늦게까지 부단하게 사회 속을 누비고, 어미는 자식들을 키우며 남편을 뒷바라지하느라 궂은일을 자처한다. 자식들은 건강하게 자라 학교를 다니고 사회로 나아가 또 하나의 직장인으로 탄생한다. 서로가 서로에게 감사해야 할 일이다.

골목길에 들어서는데 지팡이를 짚은 할머니가 휠체어를 타고 가는 아들의 뒷모습을 걱정스럽게 바라보며 '그래도 저렇게라도 살아 움직임에 고맙다'는 생각을 한다. 몸이 불편한 아들은 '그래도 어머니가 곁에 계셔서 든든하다'고 느낀다.

소일거리가 없어진 놈에게 자주 연락을 하고 얼굴을 보여주는 친구 녀석은 정신없이 사회생활에 떠밀려 다닐 때는 몰랐지만 화백(화려한 백수)의 처지에서 보면 정말 소중하고 고마울 것이다. 둘만 살고 있는 집에 배고프다며 퇴근길에 불쑥 찾아온 아들과 딸 녀석은 본인은 모르겠지만 부모님의 마음을 헤아릴 줄 아는 효도를 행하고 있는 것이다. 때가 되면 알아서 결혼하겠다는 자식도 부모의 근심을 덜어주는 고마운 일을 하는 것이지만 정작 본인이 나이 들어 사위나 며느리를 볼 때 깨닫게 될 것이다. 약속을 받아주는 사람이나 약속을 정하는 사람 모두 나를 잊지 않고 있다는 생각에 감사할 따름이다.

세월이 변해서 옛날과 달리 시집 장가를 가면 양쪽 부모님께 똑같이 잘해야 하는 세상이지만 선물이나 용돈보다는 빈 몸으로라도 자주 얼굴을 뵈주는 놈이 효자다. 이 모두 살면서 터득한 경험이다.

천둥 번개를 동반한 억수 같은 비는 세상을 깨끗이 청소해 주고 인간에게 물을 공급하며 인간에게 산소를 제공해 줄 식물들을 싱싱하게 키워주는 참으로 고마운 것이다. 햇볕이 쨍쨍 내려쬐는 것은 구석구석 습기를 제거해 주고 빨래를 바짝 말릴 기회를 제공하며 인간의 마음을 환하게 바꿔주는 고마운 역할을 한다. 돈이 없어 자가용을 탈 형편이 못 되는 것은 두세 정류장을 걷도록 기회를 제공하며 다리를 튼튼하게 하니 얻는 게 더 많다. 이렇듯 세상은 음과 양의 조화로 이루어진다.

매사 감사한 마음으로 받아들일 때 또 다른 선물이 제공된다. 감사할 줄 아는 마음은 세상을 긍정적으로 보게 되어 주변 사람들을 꾀이게 하는 힘을 발휘한다. 아주 작은 일에도 고마움을 느끼며 산다는 건 삶의 어두운 면을 제거하고 활짝 핀 꽃을 볼 때의 즐거움을 맛보게 해준다. 내가 여태까지 이렇게라도 사는 것은 주변의 관심과 사랑이 따라주었기에 가능했다는 생각을 해야 한다.

부모님이 나를 세상에 내놓아 기쁨과 노여움과 슬픔과 즐거움의 맛을 다 볼 수 있었으며 이러한 온갖 감정을 조절할 줄 아는 능력도 키울 수 있었으니 얼마나 고마운 일인가. 옆 사람이 옆구리를 쿡쿡 찔러 새로운 일에 관심을 갖게 기회를 주심에 고마워하며 어떤 모임에 가입하라고 강력하게 추진하여 또 다른 인연을 맺게 해주심에 감사해야 한다.

직장생활 초기, 결재판을 내던지며 눈물이 찔끔 나도록 혼쭐을 낸 상사가 있어 평생 동안 유연한 사회생활을 할 수 있었던 것이다. 중고등학교 시절, 아버지한테 굵은 철사로 종아리를 맞은 것이 세상을 올바로 사는 힘이 되었음에 감사함을 크게 느껴야 한다.

새로운 여행

흔히 졸업은 시작이라고 한다. 그 의미를 모르고 살지 않았는데 막상 직장에서 은퇴라는 중대한 변환기를 맞으면 왜 졸업을 시작이라고 했는지 알게 된다.

현직일 때는 언제까지 이 자리를 유지할 수 있을까 늘 불안하고 초조했지만 막상 졸업을 하고 하루하루 지나면서 마음을 내려놓게 되고 이제 과거는 잊어야 한다며 현실을 직시하게 된다. 그러면서 지금까지 앞만 보고 달렸던 조급함에서 탈피해야겠다는 결심도 한다. 이제부터는 젊은 시절의 헛된 욕망을 버리고 여유 있게 새로운 바닥을 찾아 새 출발을 시작해야겠다는 생각을 한다.

흘러간 과거에 집착하고 후회한들 무슨 소용이 있겠는가. 왕년에 내가 무슨 직책을 맡고 무슨 일을 했었는지는 그리 중요하지 않다. 앞으로 남은 삶을 즐겁게 영위하기 위해 지금부터 새롭게 설계하고 착수하면 새로운 세상이 반갑게 맞이하리라 굳게 믿는다. 그래서 아예 생뚱맞은 일을 해보는 것도 좋다.

일본의 어느 사회학자의 말처럼, 지금까지 한 번도 시도해 보지 않은 분야에 도전하면서 사는 게 노년을 젊고 건강하게 지내는 방법이 아니겠는가 싶다. 이젠 남을 의식하고 과거를 비교하며 부와 명예를 좇을 게 아니라 새로운 분야에 입문하여 기초부터 배우고 익힘으로써 일상생활의 밑거름이 되어 여생을 외롭고 심심하지 않게 살아가는 것도 훌륭한 선택 중 하나다. 건강도 내가 해야 할 일과 하고 싶은 일을 하면 저절로 관리된다고 믿는다.

지금 와서 돌아보니 그동안 현실과 타협하느라 새로운 분야에 접하는 것을 두려워했다. 직장생활을 하는 사람 중 대다수는 다른 일에 눈을 돌리면 죽는 줄 알고 감히 도전을 못한다. 그러나 사람 팔자는 누구도 알 수 없다. 신문을 읽다가 학창시절의 개망나니가 유수의 중견기업 회장이 되어 인터뷰하는 기사를 봤을 때 동창 녀석들은 모두 입을 다물지 못한다. 반대로 한때 잘나가던 친구가 텔레비전에 노숙자로 등장하여 재기에 성공했다는 장면을 접하면서 변화무쌍한 삶을 엿보게 된다.

오래전에 가족과 함께 청도 소싸움을 보러 간 적이 있다. 소는 상대를 공격하기 위해 머리를 낮추었다. 100m 달리기를 하는 육상선수의 출발 자세 또한 바닥에 두 손을 대고 웅크린 자세를 취한다. 씨름 선수도 상대방을 넘어뜨리기 위해 자세를 낮추려 애를 쓴다. 그리고 벼는 익어갈수록 고개를 숙인다.

이와 마찬가지로 우리의 삶도 바닥에서 시작한다. 기초를 잘 다진 사람이 성공한다. 기초가 부실한 집은 오래가지 못하고 넘어진다. 이왕 새로운 막을 올리려면 자세를 낮추고 기초부터 다져야 한다.

우리는 사회생활을 통해 직간접적인 많은 경험을 쌓는다. 실패와 성공, 슬픔과 기쁨, 꾸지람과 칭찬, 기본과 응용, 이별과 만남,

이론과 현실, 부정과 긍정 등등 학교나 가정에서 배우지 못한 것들을 상황에 따라 보고 듣고 행동하게 된다. 새로운 것에 대한 도전이란 기회를 창출하는 것이다. 용기가 없으면 늘 걱정만 하다가 세월만 보낸다.

젊은 시절 배웠던 운전은 평생을 써먹는다. 은퇴를 계기로 운전을 배우듯 새로운 분야에 도전할 수 있다. 누구에게나 기회는 있다. 다만 하고 안 하고는 본인의 생각과 실천에 따라 달라진다. 세상에 쉬운 건 없고 거저먹는 것도 없다. 대들어야 배우고 일을 해야 얻을 게 있다.

요즘 세상에서 은퇴라는 말은 옛날처럼 일을 그만두고 한가로이 사는 게 아니라 그동안 못 해봤던 일에 도전하는 소중한 기회를 제공받는 축복의 2교시다. 나름대로 삶에 대한 철학도 쌓였고 경험도 풍부하기에 새로운 분야에 발을 디뎌도 침착하고 신명 나게 받아들일 수 있는 능력이 있다. 체면보다는 진정한 삶에 대한 즐거움을 누릴 수 있다.

크게 변신할수록 더 큰 재미가 기다리며 하루하루가 신난다. 미래에 대한 불안감을 떨쳐버리는 가장 효율적인 방법은 바닥까지 내려가서 새로운 출발지를 찾아가는 것이다. 새로운 도전에 입문하면 새로운 사람들을 만날 수 있고 그들과 생활하면서 지나온 삶을 영화처럼 구경할 수도 있다. 세상의 폭을 좀 더 넓힐 수 있는 계기가 되는 것이다.

어렸을 때 동네 아저씨들이 가마니 위에서 바둑 두는 걸 어깨너머로 배운 것이 평생 취미로 남아 즐거운 시간을 보내듯이 새로운 걸 배운다는 건 상상의 나래를 펼칠 수 있는 훌륭한 삶의 소재가 된다고 믿는다. 국내 최고 대학 교수 생활을 마친 후 새로운 공부를 하고 싶어 아흔이 넘은 나이에 방송통신대에 두 번이나 입학했다는 노신사의 뉴스를 보면서 정말 건강하고 행복한 분이라고 느꼈다.

긍정적 자세와 다양함을 추구하는 용기는 우리에게 또 다른 기쁨을 만들어준다. 우리네 인생은 죽을 때까지 배우는 것이며 도전하는 것이다. 도전을 끝낸다는 건 인생을 마감하는 것과 다를 바 없다.

한 번도 가본 적 없는 오지의 나라로 여행을 떠나기 전에 느낄 가슴 설레는 상황을 그려보자! 그것이 바로 은퇴 후 새로운 도전이다.

용서를 빌고 용서하는 삶의 지혜

열 길 물속은 알아도 한 길 사람의 속은 모른다고 했다. 겉으로 드러내지 않는 상대방의 속사정은 당사자가 아닌 이상 정확하게 알 수 없다.

요즘 '용서'라는 프로그램을 가끔 시청하는데 배우는 게 많다. 내가 상대방을 괴롭혔던 것은 기억하지 못하고 상대방이 나를 힘들게 했던 아픔만 오랫동안 간직하며 살았기에 상대방을 원망할 뿐 미안하다는 말을 어느 누구 하나 선뜻 먼저 꺼내지 못한다. 상대방의 잘못을 용서한다는 건 과거의 죄를 꾸짖거나 벌하지 않고 덮어줌으로써 서로 간에 화해를 이루는 것이다.

우리는 살아가면서 많은 불만을 경험한다. 불만이란 마음에 차지 않는 느낌을 말한다. 상대방은 최선을 다해 도와줬다고 생각하지만 정작 도움을 받은 사람은 성이 차지 않아 섭섭하다고 생각하는 경우가 많다. 이렇듯 사물을 보는 시각이 각각 다르기에 불만이 생긴다. 타인에 대한 용서는 결국 자기 마음을 용서함으로써 본인의 가슴속에 남아 있는 찌꺼기를 제거하여 스스로를 유쾌하게 만들어준다. 불만도 그렇다. 기대했던 수준은 아니지만 내가 상대방이었다면 더 잘할 수 있었을까를 생각해 보면 답을 찾을 수 있다.

우리는 텔레파시가 통했다는 말을 가끔 쓴다. 딱 정해진 약속은 없고 그저 심심할 때 핸드폰을 들고 이 사람 저 사람에게 문자를 보낸다. 잠시도 기다리지 못하고 답신이 왔나 계속 핸드폰을 들여다본다. 그때 생각지도 않았던 친구로부터 술 한 잔 하자는 전화가 걸려오면 깜짝 놀라면서 텔레파시가 통했다며 좋아한다.

이런 현상은 본인의 마음을 상대방이 동시에 똑같이 알아주었기에 의견의 차이가 없음을 확인하면서 서로 하나가 되었다고 느끼는 것이다. 세상만사 내가 먼저 손을 내밀고 용서를 구하고 이해하고 지갑을 열 때 상대방을 가까이 할 수 있다. 용기 없는 친구에게 용기를 내어 화해의 문을 두드리면 상대방도 꽉 닫았던 마음을 슬며시 열기 시작한다. 상대방의 의견을 묵살하면 가까이서 지켜주거나 도와줄 사람은 없어지고 외톨이가 된다.

외톨이는 제아무리 비싼 술을 산다고 모이라고 해도 와주는 사람이 없고 가까운 산도 동행할 친구가 없으며 골프를 치려고 해도 같이 라운딩할 사람이 없으니 인간적으로 외로운 감옥에 갇혀 사는 꼴이다. 평상시 불만이 있더라도 남을 헤아리고 본인이 먼저 수용한다면 먼 훗날 감옥살이 같은 인간적 치욕은 면할 수 있다. 불만을 해소하지 못하고 상대방을 용서하지 않으면서 가슴속에 담고 살아간다는 건 밥을 먹고 화장실에 가지 않는 것과 같은 이치로 몸속에 병을 담고 사는 것이다.

어느 스님께서 “남에게 화를 내는 건 자기에게 화를 내는 것이다”라고 말씀하신 기억이 있다. 이렇듯 상대방을 기분 나쁘게 한

다는 건 결국 나 자신을 불쾌하게 만드는 것이다. 인간에게 눈이 둘 달린 것은 세상을 똑바로 그리고 다양하게 보라는 뜻이요, 귀가 둘인 것은 남의 말을 많이 경청하라는 의미이며, 입이 하나인 이유는 상대방의 입장을 가늠하여 헤아려 마음을 정리한 후 조심스레 말을 아껴서 하라는 조물주의 명령이다. 섣부른 사람은 이런 뜻을 모르고 눈과 귀는 적게 쓰고 하나뿐인 입만 자꾸 벌리는데 그러다 보면 실수가 많아져 상대방에게 상처를 주게 된다.

한번 뱉은 말은 주워 담을 수 없으며 상대방은 그것을 기억한다. 그래서 말을 많이 하는 사람은 실수가 잦고 신뢰가 떨어지며 우정에 금이 가기 쉽고 용서를 빌어야 할 일이 늘어나기 때문에 점점 더 처신하기 어려울 뿐만 아니라 주변에 있던 사람들이 하나 둘 떠나가기 마련이다. 그러므로 대화를 통한 소통은 반드시 필요하지만 어떻게 절제된 내용의 말을 해야 될지 고민해야 하는 이유다.

지금까지 살아오면서 용서해야 할 사건도 많고 용서를 빌어야 할 일도 많다. 이 모든 걸 가슴에 담고 산다는 건 무거운 배낭을 메고 끙끙대며 높은 산을 향해 죽을 때까지 올라가는 지혜롭지 못한 삶을 영위하는 것과 같다. 이제라도 용서의 배낭을 풀어헤쳐 가벼운 몸과 마음이 되도록 노력해야 한다. 뱃속의 찌꺼기를 배설하면 몸도 가볍고 마음도 상쾌하다. 이런 자세로 살아가는 용기와 지혜가 모두에게 필요하다.

엄마 뱃속에서 나올 때 우리 가슴은 아주 깨끗했다. 그리고 다른 사람들과 어울려 살면서 여러 가지 감정을 느끼고 배우며 성장한다. 아름다운 감정도 넣고 더러운 감정도 배낭에 담게 된다. 북한강 수변에 고급스럽게 지어진 별장은 겉으론 아름답게 보이지만 막상 속을 파헤치면 찾아온 손님에게 보여주고 싶지 않은 구석이 많을 것이다. 이렇듯 어느 누구의 가슴에도 양면성은 존재한다.

신이 아닌 인간이기에 태초의 깨끗한 감정만 가슴에 담고 살아가지 못한다. 그러나 더러운 찌꺼기는 매일매일 집안 청소를 하듯이 제거하며 살면서 세상을 떠날 때쯤은 깨끗해졌다는 스스로의 평가를 받을 수 있어야 한다. 이렇게 할 때 더러운 냄새는 없어지고 향기로움을 내뿜을 수 있다. 우리에게 내일이 있다는 건 오늘까지 잘못했던 의식과 행동을 고칠 기회가 주워졌다는 의미다.

평범함에 대한 고마움

알파벳의 유(U)자 두 개를 거꾸로 붙여놓은 것이 지금의 육상트랙인데 400m 육상경기의 트랙이 정사각형으로 100m씩 4면으로 설계되었다면 어떤 일이 생길까? 아마도 90m쯤 달리다가 직각 부분을 만나면 속도를 줄이면서 4면을 생긴 대로 따라 달려야 할 것이다. 그러니 지금 같은 빠른 기록은 상상할 수도 없을 것이다.

인간은 편리성을 추구하는 사회적 동물이라서 불편함을 느끼는 순간 무의식적으로 개선하려는 욕구를 갖는다. 그런 과정을 통해서 모두가 수용할 수 있는 상식이 만들어진다. 식이요법만 보더라도 세월에 따라 많은 이론이 유행하다가 사라지고 또 다른 요법이 제시되는 걸 보면 인간의 행동에 완벽함이란 없는 것 같다.

헌법이든 세법이든 당시 상황에 따라 개정하지만 그것이 끝은 아니었다. 시행하다 보면 현실에 맞지 않는 부분이 생겨 뜯어 고치기 마련이다. 그래서 제정, 1차 개정, 2차 개정, 3차 개정 등 작업이 끊임없이 이어진다. 사람의 생각도 이와 마찬가지라 생각한다. 학창시절, 군복무시절, 직장생활, 사업, 은퇴 후 나이가 들어감에 따라 의식이 조금씩 바뀌며 정신적으로 성장한다. 그것도 죽을 때까지 반복된다. 그래서 평범하게 산다는 건 정사각형 육상트

랙처럼 모나게 행동하는 게 아니라 직선과 곡선이 조화롭게 연결된 모습으로 사회 속에서 남과 어울리는 것이다.

어떨 땐 직선적 행동처럼 곧고 빠른 결단을 요구받지만 다른 때에는 곡선처럼 유한 행동이 필요하다. 아이들을 키우면서, 직원들을 관리하면서 때로는 야단도 치지만 잘했을 땐 칭찬을 아끼지 말아야 하는 이유이기도 하다.

학창시절엔 천방지축으로 뛰기만 하다가 사회생활을 하면서 동료들과 함께 산에 오르고 나이가 더 들면 이런저런 사정으로 평범한 길을 걷는 습관만 갖고 살아도 건강관리에는 부족함을 못 느끼는 게 세월을 되돌아보면서 알게 된 사실이다. 젊은 시절엔 모나게 행동했는데 나이가 들면 유연해지는 건 많은 경험이 축적되어 지혜가 생겼기 때문이리라. 평범하다는 건 특출함이 부족한 게 아니며 개성이 없는 게 아니다. 본인의 철학은 뚜렷하지만 주변 사람들과 조화롭게 어울리는 데 필요한 상식적 행동을 하는 것이다.

바윗덩어리도 모진 풍파에 제자리를 지키지 못하고 굴러떨어져 깨지면서 상류에서 하류로 떠내려간다. 그렇게 크고 모가 났던 바위가 둥글둥글한 자갈이 되듯이 사람도 세월의 흐름에 순응하면서 부드러운 모습으로 변신하는 것이다.

젊은 시절엔 밥 잘 먹고 배설을 편하게 하는 것이 뭐 대수인가? 라고 생각했다. 그러나 세상의 이치가 순리대로 보이고 들릴 나이가 되면 모든 게 내 맘대로 되는 게 아니라는 것을 알게 된다. 고기를 맛있게 먹고 싶어도 치아가 안 좋아 피하게 되고 속이 편치 않을까 봐 부드러운 음식을 찾게 된다. 소변을 보고 싶어 화장실에 가면 영 시원치 않아 옆 사람 눈치를 살피게 된다. 어린아이처럼 뛰고 싶어도 달리다가 넘어지면 큰일 날까 봐 천천히 걷는 걸로 대체한다.

아픈 곳 없이 먹고 싶은 거 먹으며 뛰고 싶을 때 뛸 수 있고 자고 싶을 때 바로 숙면에 빠져드는 것이 모두의 소망이다. 남한테 손 안 벌리고 몇십 년 벌어놓은 돈으로 작지만 평범하게 쓰면서 수심에 가득 찬 얼굴에서 벗어나고 싶은 게 노후의 바람이다. 혼자 똑똑한 체하고 모든 걸 자기 손에 쥐고 싶은 욕망 때문에 나이 들어 주변에 아무도 없는 쓸쓸한 여생을 살고 싶지 않다.

친구가 기분 좋은 일 생겼다고 막걸리 한 잔 사주면 다음 달에는 내가 친구들을 소집해서 보답할 수 있는 그런 평범함을 누리고 싶다. 일대일 카톡보다는 그룹채팅으로 서로의 안부를 묻고 보고 싶다는 말을 할 수 있는 분위기를 많이 접하고 싶다. 주말에는 늘 많은 약속이 기다리고 있으면 좋겠다. 시도 때도 없이 불쑥 집에 찾아오는 자식들이 많아 지금 살고 있는 아파트 공간에 외로움이란 놈이 자리 잡지 못하고 옷장 한구석에 숨어버렸으면 좋겠다.

이런 평범함이 나를 에워싸고 있다면 정말 감사할 일이지만 현실은 그렇게 녹록지 않다. 그래서 평범하게 살아간다는 게 얼마나 어렵고 소중한지 깨닫는다. 정신적으로, 신체적으로, 재정적으로, 사회적으로 등등 모든 부문에서 평범함을 잃지 않은 삶! 이런 모습이 아름답고 소중하다고 생각되는 건 앞으로 살 날이 지금까지 살아온 기간보다 너무나 짧다고 느껴서일까?

지나고 보면 순간순간 화를 내고 다투고 할 일이 아니었다는 걸 세월이 흘러 뒤돌아보면서 알게 된 것도 그나마 다행이라고 생각하며 앞으로는 좀 더 온유하고 평범함을 추구하는 성숙한 인간이 되고 싶다. 보고 싶은 얼굴들과 아름다운 인연을 계속 이어가면서 훈훈한 삶이 되도록 내가 먼저 한걸음 다가가고 싶다. 그들이 내 주변에 항상 머무르는 것이 행복이요 재미지게 사는 것이리라.

누군가 나를 도와줄 거라고 기대하기보다는 내가 그들에게 도움을 줄 수 있는 일이 무엇인가를 고민하면서 하루하루를 알차게 쓰고 싶다. 안부 전화 한통에 감사하며 문자메시지와 카톡을 나누는 게 즐거우며 꼭대기까지는 아니더라도 중간 능선까지 동행하며 정겨운 얘기를 주고받는 그런 파트너를 소중하게 간직하고 싶다.

더도 말고 덜도 말고 그저 평범한 한 인간으로서 평범한 사람들과 지속적으로 어우러져 살아가고 싶다. 그것이 소중한 삶이니까.

술 깍두기 행복

오랜만에 태양이 따사롭게 비치는 3월 하순의 어느 일요일 아침, 이름 모를 새 한 마리가 높은 나무 꼭대기에 혼자 앉아서 세상을 내려다보며 "얘들아 어디들 갔냐? 어서들 나와라! 같이 놀자" 하며 계속 불러보지만 친구들은 뭘 하는지 아무도 얼굴을 보여주지 않는다.

명도 다 채우지 못하고 간밤에 먼저 간 놈도 있을 것이고, 도심생활 너무 피곤해 용기내서 귀촌을 단행한 놈도 있을 것이다. 그리고 일주일간의 잘못을 용서받겠다고 일찍 교회로 간 놈도 있을 것이며, 어제 밤늦게까지 오랜만에 조우한 옛 친구 녀석들과 무겁게 한잔해서 아직까지 이불 속에서 헤매는 놈도 있을 것이다. 어떤 놈은 뒤늦게 건강 좀 챙기겠다고 자전거 배워 타다가 넘어져 골절사고로 하얀 시트 위에 누워 링거를 맞고 있을 것이고, 다양한 삶을 펼쳐보겠다고 사진을 배워 순간의 포착을 노리며 새벽부터 집을 나서 이곳저곳 헤매는 놈도 있을 것이며, 값싼 땅 좀 사서 한탕 튀겨보려고 현장 실사 간 놈도 있을 것이다. 보고 싶어도 볼 수 없는 안타까운 심정으로 높은 곳에서 세상을 기다려보지만 시간만 흐를 뿐이다.

젊은 시절에는 다들 시간이 없어서 못 만나고 나이 들어서는 시간의 여유가 생겨도 건강이 따르지 않아서, 먼 곳에 떨어져 살아서, 한순간의 갈등으로 삐쳐서, 손주 보느라고, 돈이 없어서, 자존심 때문에, 집안 일이 생겨서, 취미가 달라서, 마누라 눈치 보느라고 보고 싶은 얼굴, 보고 싶은 시간에 내 맘대로 볼 수 없어 하염없이 개천 길을 나 홀로 걸으며 인생의 파노라마를 수십 번씩 다시 돌려본다.

세상에 부러울 게 없어 보이는 사람도 때로는 외로워 죽겠다고 속내를 드러내며 하소연하는 걸 보면서 국 · 영 · 수 · 사회 · 과학 전 과목 모두 만점 받으며 산다는 게 현실적으로 존재하지 않음을 엿볼 수 있다. 돈 좀 번 놈은 건강이 나빠서 친구를 못 만나고, 시간이 많은 놈은 돈이 없어 친구를 부르지 못하고, 소위 고위직 출신이라는 놈은 체면 때문에 친구를 가리고, 술을 못 먹는 놈은 인기가 없어서 불러주는 친구가 없으니 참으로 알 수 없는 것이 우리네 삶인 것 같다.

근심 걱정 없는 사람 없고, 출세하기 싫은 사람 없고, 흉허물 없는 사람 없고, 가진 것 많다고 유세 떨다간 친구 다 떨어져 나가고, 건강하다고 큰소리치다가 밤새 안녕하고, 명예 좀 얻었다고 목에 힘주다가 질시받는 것을 보면서 삶이라는 건 잠시 머물다 가는 건데 무얼 그리 뽐내고, 실망하고, 슬퍼하는가. 우리네 삶은 한 조각의 구름에 불과하고 잠시 머물다 흙으로 돌아가는 것이거늘 홈런 한 방으로 끝내기보다는 내야 안타도 좋고 외야 2루타도 기쁜 것이며 어떨 땐 3루 주자를 불러들이기 위해 기꺼이 희생 번트를 대는 것도 즐거운 일상이 아니겠는가.

인생이란 외롭게 걸어가야 하는 험로 투성이라고 하지 않던가. 화사하게 뽐내던 꽃송이도 절정을 지나면 소멸의 길로 들어서고 아무리 화려한 인생의 시절도 이내 지나가고 만다. 인간들은 자신의 절정을 모르고 지난 후에야 그때가 최고였다는 걸 깨닫는다.

시들지 않는 꽃봉오리가 되고 싶지만 조물주는 우리에게 이를 허락해 주시지 않았다. 산에 올라 정상을 밟으면 이내 하산 길로 들어서야 하듯이 누구나 오르면 내려오게 되어 있다. 그래서 잘나갈 때 보여주는 절제가 그 사람의 됨됨이를 가늠케 하는 것 아니겠는가. 누군가의 1차 지명자는 아니어도 대타로라도 나를 불러주면 '술 깍두기'로서의 행복을 만끽하면 되는 것 아닌가.

인생 뭐 별거냐? 그냥 그렇게 감사한 마음으로 웃으며 기쁘게 살다 가는 거지. 지는 게 이기는 거라고 13년 전에 먼저 가신 윗동서의 말씀이 떠오른다.

이래도 한 세상, 저래도 한 세상

비둘기 두 마리가 공원에서 먹이를 열심히 쪼고 있었다. 무엇을 찾아서 먹는지 알 수는 없지만 콕콕 계속 부리를 땅에 내려치면서 종종걸음으로 돌아다녔다.

벤치 가까이 오기에 유심히 봤더니 한 놈은 아주 건강한 발걸음으로 경쾌하게 움직이는데 동행하고 있는 다른 놈은 뒤뚱뒤뚱 거리며 불안한 모습으로 뒤를 좇고 있다. 오른쪽 발은 발가락 하나가 절단되어 세 개만 남아 있고 왼쪽은 발가락 네 개 모두 없이 아예 발목으로 지탱하면서 그래도 살아 있다고 먹이를 찾아 돌아다니고 있었다.

얼마 전 일요일 밤 8시 조금 지나서 친구 녀석과 길거리에 펼쳐놓은 파라솔 의자에 앉아 오징어 회 한 접시를 시켜놓고 한 잔 하고 있었다. 두세 잔쯤 마셨을 때 친구 녀석이 한 통화의 전화를 받더니 미안하지만 아들을 만나러 가야 하니 먼저 일어서겠다며 자리를 떴다. 나 홀로 된 자리에서 오가는 사람들과 자동차를 보며 3분의 2도 더 남은 안주를 없애기 위해 소주를 한 병 더 주문해서 자작하고 있는데 지나가던 할머니 한 분이 “아저씨! 나 소주 한

잔 주세요" 하기에 "앉으세요, 드세요" 하면서 반갑게 맞이했다. 갑자기 술친구가 생긴 것이다. 소주를 한 잔 따라드렸더니 미역국이 맛있어 보인다며 정신없이 드시기에 오징어 회도 같이 드시면서 마음껏 잡수시라고 했다. 몇 잔을 드신 후 할머니는 묻지도 않은 말을 꺼냈다.

원래 나이가 78세라고 밝히시더니 시골에서 농사짓다가 영감님이 작년에 먼저 가신 후 이 동네 큰아들 집에 와서 살고 있는데 아들 내외가 술을 못 먹게 해서 죽겠다며 이렇게라도 몰래 몰래 한 잔씩 먹어야 살 것 같아 염치 불구하고 술 한 잔 달라고 하셨단다. 술을 더 잡수시라고 했더니 술 냄새 나면 며느리한테 혼난다며 끝내 사양하시더니 고맙다며 자리를 박차고 떠나셨다.

언젠가 횡단보도를 건너고 있는데 한쪽 어깨에 검은 서류가방을 멘 30대 초반의 직장인으로 보이는 청년이 핸드폰에 "왜 너 때문이라고 얘기하는 거야"라고 악을 쓰며 상대방에게 강력하게 항의하는 모습을 봤다. 상상컨대 직장동료나 거래처 사람이 계속 자기에게 책임을 전가하자 참다 참다 화가 치밀어 백주대로에서 미친 사람처럼 소리를 질러대는 것 같았다.

산책을 하다가 아주 오래된 허름한 저층 아파트 베란다 벽에 20여 개의 우산이 걸려 있는 걸 목격했다. 비가 올 때마다 식구들이 하나씩 사들고 왔을 터이니 우산마다 사연을 품고 있겠다는 생각이 들었다. 사람들과의 인연에도 때와 장소, 상황을 달리하며 맺어지며 나름대로의 역사를 간직하고 있듯이 말이다. 짧은 기간에 비둘기, 할머니, 직장 청년, 우산들을 마주치며 모두가 저마다의 역사라는 과거를 품고 있으며 남모를 추억과 인연으로 살아가고 있음을 다시 한 번 느꼈다.

사람이든 물건이든 다 마찬가지다. 자기의 운명은 혼자 만드는 것이 아니라 나를 만들어주신 부모님을 비롯한 가족들과 학교동창, 직장동료, 군대동기, 물건을 만든 사람과 구입한 사람 등등 나를 에워싸고 있는 주변의 관심과 사랑으로 결정된다. 인간은 더불어 살기에 사회적 동물이라 불리고 삶은 이래도 한 세상, 저래도 한 세상이라고 말하는 건 저마다의 추억과 인연으로 한 권의 역사책을 만들기에 그런 의미를 부여하는 모양이다.

비교의 삶

건물 로비에는 두 대의 엘리베이터가 배치되어 있다. 출근시간에는 12층까지 조금이라도 빨리 올라가기 위하여 젊은 직장인들이 떼로 몰려 기다리면서 어느 쪽이 먼저 올 것인지 머릿속으로 계산기를 두드리며 예의 주시하고 있다. 집에서 나올 때는 좀 더 편하고 빠른 버스나 지하철을 타기 위해 오만 가지 잡생각으로 가득 찬 머리를 쉴 새 없이 굴리기 시작한다.

시간을 거슬러 과거로 올라가보면 엄마 뱃속에서 나오면서부터 본의 아니게 경쟁의 강물 속으로 던져진다. 부모의 의지에 따른 운명의 게임이 시작되는 것이다. 어느 유치원을 보내야 할까부터 시작해서 초등학교는 사립으로 보낼까 아니면 그냥 국공립을 보낼까 등등 부모의 의지와 판단으로 운명의 방향이 결정된다. 부모는 다른 학부형과, 자녀는 다른 학생과 경쟁하며 입시 전쟁을 치르게 된다. 대학을 마치고 직장에 들어가서 결혼한 후에도 손주까지 포함시켜 총체적 경쟁을 하며 남의 시선을 뜨겁게 느끼며 비교하고 또 비교하며 하루하루 만들어간다.

나이 들어서는 신문지상을 통해 소대장을 같이했던 친구가 대기업 사장이 되었다는 사실을 접하게 되면 나는 어떻게 살았나를

잠시 돌이켜본다. 비교는 불행의 시작이라는 말을 수없이 들어왔지만 사람인지라 어쩔 수 없이 남의 자식과 내 자식을 비교하게 되고 아는 사람의 재산과 건강을 비교하면서 자신에 대한 점수를 매겨본다. 자기 내부도 정확히 모르면서 더 모르는 상대방을 분해하며 더 나아가 세부 항목별로 비교 평가에 들어간다. 상대방의 생각을 제 수준에 맞추어 그려보며 근거도 없는 소설을 써대고 수많은 영화를 만들며 상상의 나래를 편다.

지나고 보면 아무 의미도 없는 비효율적 생각을 마구잡이로 생산한다. 칠십 중반을 눈앞에 둔 어느 선배님의 말씀이 떠오른다. "죽은 사람이 뭘 안다고 좀 성공했다는 자식들은 지 낯내려고 부모 묘지를 호화롭게 만들고 자기 자신을 주변 사람들에게 과시하려 든다"는 말씀을 듣고 죽기 전에 자식들에게 쓸데없는 일 하지 말라고 미리 지침을 줘야겠다는 생각을 했다.

'노사모'라고 하면 사람들은 대부분 '노무현 대통령을 사랑하는 모임'이라고 받아들인다. 오랜만에 만난 지인이 요즘 어떻게 지내느냐고 안부를 묻기에 '노사모 활동'하고 있다고 대답하니 나이에 걸맞지 않은 행동을 하고 있다고 느꼈는지 쓴웃음을 짓기에 '노는 사람들 모임'에서 유유상종 즐겁게 시간을 보낸다는 뜻이라고 농담을 건넸더니 술좌석을 같이한 사람들 모두 박장대소를 한 적이 있다.

지금의 현주소를 낮내려고 가식으로 포장하고 얼버무리는 것보다 얼마나 진솔하고 명랑한 의식인가. 이미 제3 한강교 밑을 흘러간 강물은 찾을 수 없으며 찾았다고 한들 뭘 어떻게 하겠는가. 과거는 이미 지나간 역사이거늘. 차라리 남과 비교하는 유치한 삶보다 그냥 있는 모습 그대로 현실을 받아들이고 껄껄껄 웃으며 남은 시간을 즐겁게 사는 게 행복한 삶이 아닐까 싶다. 남부럽지 않던 대기업 회장들이 자살로 생을 마무리하는 걸 보면서 '인생이 별거냐'라는 생각을 지우지 못한다.

요즘 유행하는 힐링이라는 마음 치유법을 익혀서 자기 자신을 내려놓으면 세상은 좀 더 밝고 재미있어진다. 없으면 없는 대로 있으면 있는 대로 매사에 감사하며 현실을 긍정적으로 받아들일 때 철없는 주변 사람들의 욕심이 눈에 보이며, 자리에 연연하는 사람들을 보면서 박수 받을 때 멋있게 떠나라는 얘기를 해주고 싶은 나이가 되었다.

백세시대를 맞이하여 환갑이 지났지만 아직도 많은 시간이 남아 있는데 왜 남과 비교하며 서글픈 삶을 반복하고 있는가. 불쌍한 민초들이여! 일소일소 일로일로(一笑一少一怒一老)라고 웃으며 살면 젊어지는 것이요 화내고 살면 늙어지는 것임을 명심하며 좀 털털하게 여생을 즐기세!

똥 묻은 개가…

'토요일 아침 10시 조금 지나서 자전거를 타고 대로변을 달리던 청년은 헬멧을 쓰고 배낭을 메고 힘차게 앞으로 가고 있다. 그리고 좀 더 속도를 높이려고 고개를 숙여 페달을 빠르게 밟는다. 얼마나 지났을까, 꽝 하는 소리가 들렸다. 길가에 비상등을 켠 채 물건을 배달하려고 서 있던 탑차 뒤를 헤딩해 버린 것이다. 운전기사는 아직 내려오지 않았고 청년은 그 자리에 넘어져 한동안 일어나지 못하고 있다. …중략…'

이 사건을 두고 국회에서 여야가 붙었다. 한쪽에서는 자전거를 타고 가던 청년이 전방주시 의무를 다하지 않았다고 주장하고, 다른 쪽에서는 노란 선

이 두 줄이나 쳐 있는 대로변에 불법정차를 한 운전기사가 원인을 제공했다고 주장하며 공방이 치열했다.

여야 협상에 진전이 없자 급기야 탑차연합노조와 자전거동호인 단체가 나서 국회 앞에 플래카드를 붙이고 각자의 주장을 펼치는 단체시위로 번졌다. 상상의 나래를 펼칠 수 있는 우리나라의 현실을 이런 사건으로 꾸며본 것이다.

온 나라를 뒤흔들었던 세월호 사고가 발생한 지 1년의 세월이 막 지났다. 그리고 연이어서 경남기업 성 회장 자살로 정치권에 화산이 폭발했다. 정치를 업으로 하는 사람들은 여러 가지 쇼를 하며 각자의 이해득실을 따지고 있다.

진실이 어디까지인지 아무도 예단할 수 없지만 국력이 낭비되는 비효율적 게임이 오랫동안 진행될 게 뻔하다.

똥 묻은 개 여러 마리가 겨 묻은 개 한 마리를 앉혀놓고 갈기갈기 찢으며 한 인간을 분쇄한다. 국민들이 국회청문회를 보면서 이구동성으로 하는 얘기다. 어떤 사람은 장관 후보자 청문회 전에 여기에 참가하는 국회의원들부터 청문회를 열어 똥 묻은 개는 사전에 제외시키자는 주장도 한다.

또 다른 사람은 국민투표를 실시해서 국회의원 머릿수를 결정해야 한다고 아우성이다. 예를 들어 100명, 150명, 200명, 300명, 400명으로 투표용지에 새겨 국민이 가장 많이 선택한 숫자로 하자는 얘기다. 그러면서 결과는 뻔하다고 한다. 100명을 선택한 국민이 제일 많을 것이란다.

요즘 정치를 보면 애국하는 사람은 찾을 수 없고 남들의 눈을 피해 뒤에서 사리사욕만 채우려는 사람들이 많아 우리가 내는 세금이 아깝게 여겨진다. 성 회장 자살사건으로 비화된 진실게임을 매일 접하면서 호미로 막을 걸 가래로도 못 막는다는 말이 실감났다. 국무총리가 처음부터 성 회장은 아주 가깝게 지내던 사람이었다고 인정하고 들어갔으면 문제가 이렇게 커지지는 않았을 것이다. 사법적 문제 이전에 도덕적으로 국민적 신뢰가 깨짐으로써 당사자 문제는 일파만파로 확대되어 가고 있다.

사랑할 땐 기다려지고 죽고 나면 남이라면 싸구려 인연 아니겠는가.

누구나 크던 작던 한두 가지 거짓말은 했을 것이다. 초등학교 때는 부모님한테 학용품 산다고 돈을 타서 번데기 한 봉지를 사먹었다. 중 · 고등학교 때는 참고서 산다고 해놓고 친구들과 자장면 파티를 벌였다. 마누라에겐 친구 부친상으로 오늘 집에 못 들어간다 해놓고 밤새도록 친구들과 술을 진탕 퍼마셨고, 전날 마신 술이 깨지 않아 다음 날 아침 직장상사에게 전화를 해 감기몸살이 심해서 출근 못하겠다고 했다.

많은 사람들이 이렇게 크고 작은 거짓말을 하면서 성장하였다. 그러나 사회적 물의를 일으킨 사건을 보면 꼭 돈과 권력이 개입되어 있다. 그래서 사업을 하다가 급속도로 회사가 불쑥 성장하면 뒷말이 많아진다. 뒤에서 누가 봐주는 사람이 있으니까 저렇게 빨리 회사를 키웠을 거야 등등. 직장 동기생이 승승장구하는 모습을 보면 술좌석에서 "그 친구 뒤에 분명 누가 있다"며 질투의 소리가 무성해진다.

사회 전반에 걸쳐 사실을 인정하고 잘못했을 때 용서를 비는 용기가 결여되어 있다. 그래서 좋은 일이 생겨도 주변 사람들에게 알리지 못하고 입을 다물게 된다. 혹시라도 오해를 사면 나만 손해라는 생각 때문에. 국민을 위하여 일하겠다는 사람을 뽑아주면 얼마 안 가서 초심을 망각하고 국민의 마음을 읽지 못하여 돈에 초점을 잃어버린다.

어느 선배가 장사를 해서 돈을 쓸어 모았을 때 경험했던 얘기를 들은 적이 있다.

어느 날 변방의 정치 깍두기로부터 "김 사장님 존경합니다. 이제는 지역사회를 위해서 좋은 일 좀 하시지요. 부에 걸맞은 사회적 지위도 필요합니다. 그러니 불우이웃 돕기 후원회장을 맡아주셨으면 합니다"라는 제의를 받았단다. 그래서 울며 겨자 먹기 식으로 그 자리를 수락했더니 얼마 지나서 또 다른 깍두기가 찾아와서 정치 좀 해보시라고 하기에 고사했더니 계속해서 지역의원까지 동원해서 강력하게 추천하겠다며 직접 정치에 나서지 않아도 뒤에서 도와주시기만 하면 더 큰 예우를 받을 수 있다고 하기에 어쩔 수 없이 어느 정당의 지역구 후원회원이 되었단다. 그리고 얼마 후 선배는 길을 잘못 들었다고 판단하여 모든 걸 정리하고 은퇴 후 생활의 길로 들어섰다고 한다.

이와 달리 기업을 운영해 성공한 사람 중에는 돈 좀 벌었으니 이번에는 권력을 잡아야겠다고 정치판을 기웃거리다가 당선은커녕 기업체만 송두리째 날려버린 사람도 있다는 얘기를 들었다.

이렇듯 우리 주변에는 크고 작은 성 회장이 많이 존재하고 있다. 우리가 잘 아는 언론인 중에 여의도로부터 끊임없이 러브콜을 받았지만 끝까지 고사하고 언론인으로 살아가고 있는 사람이 있다. 이번 성 회장 리스트를 보면서 기업하는 사람은 계속해서 사업을 하고 위의 언론인처럼 언론계에서 큰 사람은 정치를 하기보다 정치인을 비평하는 자리가 더 아름답고 수명을 더한다는 것을 알게 되었다.

화무십일홍(花無十日紅)이란 말이 있다. 열흘 붉은 꽃이 없다는 뜻이다. 한 번 성하면 반드시 쇠할 날이 있으니 이곳저곳 기웃거리는 삶보다 한 우물을 파며 깊이 있는 인생을 영위하는 게 더 행복하지 않을까.

새치기로 만드는 인생

지하철을 기다리는 사람들, 각자 가는 곳이 있어 수시로 시간을 보면서 어느 걸 타고 가는 게 좋을지 고민 끝에 버스를 포기하고 그래도 교통체증이 없다는 지하철을 이용하기로 결심해서 역으로 온 것이다.

당고개로 가는 지하철이 역으로 진입하는데 빈 좌석이 보인다. 기다리던 사람들은 갑자기 머리가 복잡해진다. 빨리 타야 앉아서 갈 수 있겠다는 속셈에 문이 열리자마자 사람들이 다 내리기도 전에 올라타는 사람이 보이자 다른 사람들까지 질서를 깨뜨리고 무한경쟁의 질주 극이 벌어진다. 그러나 모두가 소기의 목적을 달성한 건 아니다. 승리한 자와 패배한 자가 생긴다. 쾌감과 불쾌감이 혼재한다. 다 알고 있던 게임의 룰은 존재하지 않았다. 그저 먼저 잽싸게 새치기한 사람 중 운 좋은 사람만 골인했다. 심판도 없다. 그래서 페널티킥도 없다. 복싱이 아니라 싸움판이 된 것이다.

오래전 중국에 출장을 갔을 때 벌어진 일이 떠오른다. 사거리에 신호등이 멀쩡하게 작동하고 있건만 운전자들은 먼저 진입하려고 신호를 무시한다. 그런데 우리 안내를 맡은 현지 주재원의 말이 더 재미있다. 중국 사람들은 운전할 때 다른 차에 탄 운전자의 눈

을 서로 보지 않는단다. 그냥 자기가 갈 방향만 주시한다고 한다. 아마도 양심은 있어 그런 모양이다. 사거리는 뒤얽힌 실타래처럼 무법천지가 되고 모두가 시간을 손해 보는 사회적 패배자가 된다는 사실을 생각하지 않는 것이다.

운동 경기에 룰이 없고 심판이 없다면…
길거리에 횡단보도도 없고 신호등도 없다면…
조직에 상사도 없고 부하도 없다면…
법은 존재하는데 모두가 지키지 않는다면…
약속 시간이 의미가 없는 모임이 있다면…

상상해 보라!
이런 사회는 어떻게 해서라도 꼼수를 부려 상대방을 이기려 하고 나만 배불리 먹고 부정으로 부를 축적하고 힘센 놈은 법을 무시하고 주먹으로 모든 걸 해결하려 할 것이다. 새치기는 쾌감도 있지만 늘 양심이 켕긴다. 학교 다닐 때는 커닝을 해서 점수를 땄고 직장에 다닐 때는 손바닥만 비벼서 좋은 자리에 먼저 갔고 부동산은 이중 매매계약으로 세금을 포탈해서 돈을 벌었다. 이런 부모 밑에서 자란 자식들은 어떻게 살아갈까. 사회는 악순환이 되어 신뢰는 찾아볼 수가 없고 그저 요령만 피우려는 사람들로 득실거릴 것이다.

젊은 시절, 늦게 퇴근해서 술 한 잔 걸치고 집에 돌아오는 길에 주택복권을 사면서 일확천금을 기대했고 요즘엔 좋은 꿈만 꿔도 노후 대비 로또나 연금복권을 지갑에 넣으면서 일주일의 행복을 즐긴다. 지긋지긋한 현실을 벗어나는 수단을 강구하고 싶은 마음은 누구에게나 존재한다. 이것도 새치기라면 새치기일 수 있다. 단, 게임의 룰이 엄격하게 존재하는 합법적 새치기일 뿐이다.

누군가는 말했다. "과거에 연연하지 말고 오늘을 최대한 즐기라."

10년 전에 평촌이 아닌 대치동에 작은 평수의 아파트를 샀다면 내가 이 고생 안 했을 텐데, 라는 푸념도 제3 한강교 밑을 흘러가버린 물을 찾는 거랑 다를 바 없다.

우리의 인생은 빨주노초파남보라는 무지개 색깔로 구성되어 있다. 어떤 사람은 빨간색 부분이 강해서 성공했지만 다른 색깔에는 부족함이 많고, 또 다른 사람은 빨간색은 약하지만 파란색이 많아서 신체 건강하고 일상이 행복하다. 모든 색을 다 찐하게 가질 수는 없다. 조물주가 그렇게 만들어놓았다. 아무리 새치기를 열심히 해도 일곱 가지 무지개 색깔 모두를 빛낼 수는 없다.

그저 법대로 살면서 잘 나가는 부분은 효율적으로 유지관리하고 부족한 부분은 조금씩 보충하면서 전반적으로 균형 잡힌 삶을 영위하는 데 부단히 노력하다 보면 즐거운 일상을 만들어갈 수 있다. 그래서 사람마다 본인이 잘하는 것과 못하는 것이 어우러져 고유의 캐릭터를 만들어낸다.

이것저것 다 잘하려다 보면 욕심이 생기고 조급해져 새치기를 해서라도 빨리빨리 채우려 한다. 기대는 실망을 부르고 욕심은 낭패를 초래한다. 기대가 크면 실망도 크다는 것을 많은 경험을 통해 배웠다. 이젠 누가 꿀처럼 달콤한 유혹을 해도 그저 고맙다는 인사만 건넨다. 나중에 실망만 커질까 봐.

현대인의 삶은 팍팍하고 거칠어졌다. 새치기를 보는 순간 말은 안 해도 모두가 속으로 화를 내고 있을 것이다. 그리고 빠르게 변화하는 현대 사회의 형식적이고 표피적인 인간관계 속에서 많은 사람들이 실질적으로 외로워한다. 많은 부문에서 사회적 진실의 결여를 보며 살아간다. 톨스토이의 인생 10훈에 대해 다시 한 번 생각해 본다. '일, 생각, 운동, 독서, 친절, 꿈, 사랑, 주변 살피기, 웃음, 기도.'

새치기는 질서를 어기고 주변 사람들에 대한 배려에 반하는 행동이다. 자기 자신에게도 떳떳하지 못하다. 그렇게 달성한 실적은 결국 지나고 나면 '내가 왜 이렇게 살았지'라는 허망한 생각만 남긴다. 새치기로 만들어진 인생의 끝 맛이란 급하게 공중변소에 가서 일을 끝낸 후 휴지가 없음을 알았을 때와 같은 심정이리라.

! · ? · !?!

살다 보면 예상치 않았던 상황을 많이 접하게 된다. 특히 찰떡같이 믿었던 약속에 대해서는 더 그렇다.

"왜 안 오는 거야? 지금 시간이 몇 신데. 뭐라고? 지하철이 펑크 나서 못 온다고?"

"아직 입금 안 되었네. 몇 시에 부칠 거야?"

"그렇지 않아도 전화하려고 했는데 오늘 받기로 했던 납품대금을 못 받아서 그래."

"그게 무슨 소리야? 내가 어떻게 해서 빌려준 건데. 지금 안 보내주면 난 어음 못 막아 부도야!"

오늘 꼭 만나자고 지가 먼저 옆구리 콕콕 찔러서 일주일 전부터 약속을 잡아놓고는 바쁜 일이 생겨서 못 보겠다고 하는 친구, 한 달만 쓰고 줄 테니 어렵더라도 긴급자금 좀 꼭 빌려달라고 했던 사람이 마지막 날 은행 마감시간에 임박해서 미안하다며 자기 처지를 이해해 달라고 억지를 부리는 친구, 급할 땐 간도 내줄 것처럼 얘기하던 친구에게 막상 손을 내밀어주면 화장실 갈 때 마음과 갔다 온 후가 다르듯 180도 다른 반응을 보인다. 그럴 때 사람들은 말한다.

“세상 믿을 놈 하나도 없다.”

육십을 넘게 살아보니 이젠 그럴 일도 만들지 않겠지만 그런 일이 일어나도 담담해진다. 상대방을 배려하기 위해 통화보다 카톡을 많이 하는 시대에 살면서 상대방이 굳게 믿었던 선약을 깨뜨릴 때 사람마다 여러 형태의 반응을 보인다.

첫 번째로 “네!”라고 답신하는 경우가 있다. 이 경우는 사연이 어떻든 간에 상대방이 당초의 약속을 못 지키게 되더라도 그럴 수 있다고 받아들이거나 ‘너는 원래 그런 놈이니까’라고 생각하고 이유도 묻지 않고 끝낸다.

두 번째는 “왜?”라고 다시 물어보는 경우다. 약속을 못 지키는 이유가 무엇인지 궁금하기도 하고 기분은 나쁘지만 책임을 묻고자 하는 것이다.

마지막으로는 “네!?!”라는 스타일로 답신하는 경우로 “① 알았다! ② 근데 왜? ③ 좌우지간 받아들인다!”라고 표현함으로써 상대방의 의견도 수용하고 궁금증도 있다는 표시를 내포하며 무슨 일이 생겨서 그렇겠지,라고 그냥 넘겨버리는 것이다.

위의 세 가지 반응 중 각자의 성격에 따라 달리 나타날 것이다. 더 이상 묻지도 않고 따지지도 않는 게 좋다고 느끼는 사람도 있을 것이며, 이유라도 알자고 따지며 불편한 마음을 드러내 상대방의 잘못을 추궁하는 스타일도 있을 것이다. 그리고 상대방의 입장을 수용하면서 궁금하지만 참고 견디며 더 이상의 말을 아끼는 사람도 있을 것이다.

이 세상은 얽히고설켜 복잡하게 돌아가는 사회이기에 '당신만 생각하고 있는 사람은 아무도 없다'는 걸 알고 살아가야 큰 기대도 아니 하고 실망도 커지지 않는다. 마치 '나는 떨어져 누운 꽃잎!'이라고 생각하고 바람이 불면 부는 대로 날려가고 비가 오면 오는 대로 몸을 적시며 세상사의 구속을 벗어나 모든 걸 수용하며 마음 편히 살아가면 되는 것 아닌가 싶다.

느낌표(!)가 좋고 적당할 때도 있으며, 물음표(?)가 필요하다고 느낄 땐 자기감정을 드러내면 되는 것이다. 이것도 저것도 모자라다고 생각이 들면 느낌표(!)와 물음표(?)를 조화시켜 반응하며 살면 되는 것이다.

꼭 이기려고 하지 말고,

꼭 따지려고도 하지 말고,

어떨 땐 알면서도 모르는 체해야 그간에 어렵게 만들어놓은 손님(?) 다 떨구지 않게 된다. 이런 자세는 꼭 친구지간에만 필요한 게 아니라 부부지간에도, 부자지간에도, 선후배지간에도 또는 동업자 간에도 필요하다.

물이 너무 맑으면 고기가 꼬이지 않는다고 했다. 학창시절의 수학문제처럼 세상만사는 꼭 하나의 정답만 존재하지 않는다. 나 혼자로는 사회를 이루지 못하듯 언제나 상대가 있어야 하고 내 마음도 늘 변하듯이 상대방의 마음도 바뀔 수 있다는 전제하에 세상의 소용돌이를 헤쳐 나아가야 한다.

고등학교 졸업 직후 어느 영어 선생님의 강의 내용이 떠오른다. 'Understand'란 단어는 '이해한다'는 뜻으로 쓰이는데 상대방보다 under하게 stand한다는 의미로, 다시 말해서 상대방보다 낮은 자세로 서면 싸움이 일어나지 않고 좋은 관계를 유지할 수 있다는 말씀이었다. 이 단어는 잊지 않고 가슴에 담아두고 있는데 순간적으로 감정을 추스르지 못해 폭발한 적이 한두 번이 아닌 것을 보면 신이 아닌 인간임을 증명(?)하는 게 아니겠는가.

어찌 이 세상을 살면서 본인의 감정을 빠짐없이 드러내며 살 수 있겠는가. 어떤 때는 장님이 되기도 하고 어떤 때는 귀머거리가 되기도 하며 상황에 따라 벙어리가 되는 것이 지혜롭게 사는 게 아닐까 싶다.

느낌표(!)만 쓰기도 하고 물음표(?)만 보내기도 하고 교양 있는 척 두 가지를 섞어가면서 사는 것도 차선책은 되지 않겠나(그렇다고 답신 자체를 영원히 생략하지는 말고). 상대방이 상식에 어긋나는 행동을 했을 때 그것을 포용하면 나만 손해 본다는 생각이 들 수도 있겠지만 내가 이해하고 희생하는 것이 더 마음 편하고 행복하다는 것을 아는 게 성숙한 삶이 아닐까?

The 큰 나무

30여 년 전에 지어진 5층짜리 아파트 단지. 옆에는 이미 재건축을 끝내고 새롭게 태어난 단지도 있지만 이곳은 곧 운명을 다하고 없어질 단지로 자리매김 되어 있다.

대로변에는 이 오래된 아파트를 가려주는 훤칠한 모습의 가로수가 일렬로 기다랗게 줄지어 서 있다. 자동차의 소음도 줄여주지만 시멘트 건축물의 정서적 메마름을 채워주려고 1980년대 초 아파트와 함께 입양되어 이곳에서 새로운 삶의 둥지를 틀었던 녀석들이다.

그러나 오랜 세월이 흐르면서 아파트는 늙고 병들어 사망 선고를 기다리며 제2의 생을 모색하고 있지만 이 어린나무는 그동안 성장하여 5층 꼭대기를 훌쩍 넘어섰고 아직도 건강한 자태를 뽐내며 차렷 자세로 지키고 있다. 동갑내기로서 인간에 의해 만들어진 아파트는 낡아버렸지만 자연의 태생인 어린나무는 아직도 건강하게 성장하며 그 위용도 당당하다.

아파트는 부모님?

어린나무는 자식들?

왜 그렇게 느껴질까?

자식은 부모의 등을 보고 배우며 자란다고 한다. 어린나무는 타고난 운명 때문에 이곳에 왔지만 환경에 잘 적응하며 '나도 빨리 성장하여 부모님보다 더 큰 사람이 돼야지'라는 꿈을 갖고 여태까지 잘 살아왔고 아직도 진행형인 청년이다.

인간은 원래 이기주의적 본성을 갖고 태어났다. 건축물을 구축하면서 산에 있는 자연을 집 옆으로 끌어다 놓고 정서의 욕구를 채우려 한다. 그래서 법을 만들어 아예 그렇게 하라고 규정하고 있다.

그런데 요즘 결혼을 해서도 아이를 낳지 않으려 한다. 경제적으로 힘들고 살아가는 동안 짐이 된다고 조물주가 정해 준 도리를 따르지 않는다. 어찌 보면 아파트 단지를 건설하면서 조경을 생략하는 꼴이다. 결국 정서적으로 메마른 가정만 남는다. 그 대신 애완견인지 반려견인지 하는 동물과 같이 생활하는 것으로 때운다.

육십을 넘게 살면서 만일 자식이 없었더라면 과연 그토록 치열하게 전쟁 같았던 기나긴 사회생활을 해야 할 사명감을 느꼈을까 의문이다. 가족이 있기에 새벽 6시 반이면 제일 먼저 직장에 출근해야 된다는 의식이 있었고 밤 11시가 넘어도 상사가 자리에 있으면 퇴근할 생각은 엄두도 못 냈었다. 지금처럼 토요일, 일요일도 쉰다는 개념이 없었다. 쥐꼬리만 한 봉급에 야근을 밥 먹듯 하면서 마누라와는 용돈 때문에 늘 다툼이 있었고 스트레스를 푼다고 늦은 밤에 퇴근하면서도 동료들과 한 잔을 걸쳐야 조직에서 눈 밖에 나지 않을 거라고 생각하며 잠이 부족한 피곤한 몸이지만 일단 술좌석에 끼어 있었다.

그러나 귀가해서 쌔근쌔근 잠자고 있는 자식을 보면서 삶의 보람을 느꼈고 한 단계 한 단계 승진할 때마다 성취감을 맛보았다. 그리고 아이들이 자라 유치원과 초등학교를 다니면서 내 집을 마련하고 평수도 키워가며 마누라의 웃음 짓는 얼굴을 통해서 가정에 대한 행복도 즐겼다.

이렇게 살다 보니 아이들은 어느새 5층 아파트 단지 옆에 서 있는 나무처럼 장성해 짝을 찾아 독립하게 되었다. 부모님 생전에 효도 한 번 제대로 못하고 살았지만 이제는 결혼한 자식들이 얼굴을 보여주면 그것만으로 행복을 느끼는 마누라의 모습을 뒤켠에서 보면서 가족이라는 소중한 인연에 감사를 드린다. 그런데 이런 자식들이 아파트는 짓고 나무를 심지 않아 또 다른 걱정이 생겼지만 부모로서 "왜 아이를 안 갖느냐"고 다그치지도 못하는 것이 요즘 우리 사회의 일면이다.

메마른 아파트에 어린나무를 심어 더 큰 나무가 되는 걸 보면서 세월의 흐름을 느꼈고 자연스럽게 주인공의 자리를 내주며 두 번째 영화를 감상할 나이가 되었다. 어찌 보면 요즘 세대는 나무를 볼 수 없는 벌거숭이산에서 메마르게 살아가고 있다고 할 수 있다.

다시 말해서 나무를 심지 않은 아파트 단지에서 사는 것이다. 하긴 최악의 취업난에 연애 · 결혼 · 출산을 포기하는 3포세대를 넘어 내 집 마련, 인간관계까지 포기하며 사는 5포세대가 되었고 이젠 꿈과 희망까지 포기하며 산다는 7포세대가 탄생했다고 하니 이러한 문제점을 어떻게 진단하고 처방해야 할지 모를 일이다. 이렇다 보니 주변에 서른이 넘어서도 부모의 등골을 빨아먹는 자식들이 아무렇지 않게 거리를 횡보하고 있는 게 현실이 되었다.

한 세대 차이라지만 너무나 급변하는 젊은이들의 경제관과 가정관에 대해 기성세대로서 어떻게 받아들이는 게 옳은 건지 판단이 서지 않는다.

얼마 전에 발표한 우리나라 국민의 평균수명이 82세라 하던데 앞으로 20년 동안 또 다른 세상을 보면서 살아야 할 것 같다. 그리고 20년의 세월이 지나면 공원 분수대에서 물벼락을 즐기는 어린 나무는 볼 수 없고 곧 쓰러질 고목만 즐비한 거리가 될 거 같아 가슴 한 구석이 저려온다. The 클 나무들이 많은 세상이 기름지고 우리에겐 더 간절한데 말이다.

가로수가 없는 도심의 거리를 상상해 보라!
얼마나 횅댕그렁할까.
나무 한 그루도 없는 민둥산!
얼마나 황량할까.

그래도 무자식이 상팔자???

연탄과 꺼먼 봉투

동네 소공원에는 어린아이들의 놀이터도 있고 성인용 운동기구도 설치되어 있다. 그리고 한 모퉁이에는 붉은 벽돌의 경로당도 함께하고 있다. 경로당 옆에는 자투리땅에서 채소가 자라고 있다.

한 노인이 꺼먼 봉투를 들고 오시면서 경로당은 갑자기 바빠진다. 고기 굽는 냄새가 창문 밖으로 새어 나오고 몇몇 할머니들은 미소를 머금은 환한 얼굴로 즐겁게 상추를 딴다. 얼마 후 바깥에서 옛날 얘기를 나누고 계신 할아버지들에게 얼른 들어오라고 부르는 할머니의 힘찬 목소리가 울린다. 조용하던 경로당에 웃음소리가 높아졌다.

1960년대 초 내가 어렸을 때 아버님은 뒷동네 개천 모퉁이에 세운 경로당에 나를 데리고 다니셨다. 갈 때마다 연탄가게에서 리어카를 빌려 연탄 100장을 싣고 앞에서 끌고 가시면서 나에게는 뒤에서 밀라고 하셨다. 1919년 기미년 생이신 아버님은 식사 때마다 밥 한 톨만 떨어뜨려도 주워 먹으라고 혼을 내셨다. 미국의 냉혈 석유 왕이며 기부천사라는 대조적 수식어가 항상 따라다녔던 석유 재벌 록펠러의 나누는 삶의 계기가 되었던 "주는 자가 받는 자보다 복이 있다"라는 말씀을 아버님이 아시고 추운 겨울이면 해마

다 경로당에 연탄기부를 계속 하셨는지 알 수는 없다.

그러나 지금 와서 생각해 보니 아들 녀석이 평생 동안 기억하도록 참교육을 몸소 실천하셨던 것으로 해석된다. 육십이 넘은 내 눈에 꺼먼 비닐봉지를 들고 경로당 안으로 들어가시는 노인을 보는 순간, 연탄을 싣고 리어카를 끌며 앞장서셨던 아버님의 그 옛날 모습이 떠올랐다.

시선을 조금만 달리하면 순간의 행복을 세대를 넘는 행복으로 승화시킬 수 있다는 사실을 깨닫는 즈음 나에게도 수많은 세월이 흘렀음을 거울을 보면서 알았다. 고기를 가져오신 분과 고기를 굽는 분, 그리고 상추에 고기를 싸서 드시는 분 모두가 행복한 순간이다.

대부분의 사람들이 남에게 주는 것보다는 자기 자식에게 뭔가를 더 주려고 애쓰며 살아간다. 50여 년 전의 우리 집도 그리 넉넉하지는 못했지만 아버님께서 나에게 남겨주신 체험적 유산은 지금도 내 가슴속을 뜨겁게 달구고 있다. 이와 함께 어머님에 대한 잊지 못할 사연이 지금도 생생하게 내 머릿속에 남아 있다.

1972년 여름, 한강이 범람하여 길가의 하수도를 통해 용산에서 삼각지를 지나 서울역 근처까지 강물이 역류하는 바람에 행길가에는 군인용 고무보트가 다니면서 인명을 구조하는 난리가 벌어졌다. 그때 우리 집은 대로변 5층 건물이었는데 1층은 물에 잠겨서 뒷동네 수재민들을 2층과 3층에 수용하고 물이 빠질 때까지 어머님은 수십 명분의 밥을 짓느라 잠을 설치셨다.

이 경로당에 단골로 나오시는 할머니와 할아버지들은 평소엔 공원 청소도 하시고 잡초도 뽑으며 점심도 지어서 함께 잡수신다. 가끔씩 50대 남자가 라면박스 같은 것을 들고 오면 고맙다며 층계까지 따라오셔서 인사를 한다. 이렇게 저렇게 식사를 하고 나면 삼삼오오 바깥 정자에 둘러앉아 그동안 왜 얼굴이 안 보였느냐고 묻기도 하고, 어디가 아파서 죽겠다고 고민을 털어놓기도 한다. 그리고 한쪽 구석에선 10원짜리 고스톱으로 시간을 달래기도 한다.

이야기의 테마는 거의 다 과거로 돌아가는 게 특징이지만 항상 웃음소리가 넘쳐난다. 그분들에겐 불투명하고 얼마나 남았을지도 모를 미래에 대한 얘기보다는 몇 배나 길고도 길었던 지난 세월에

대한 역사가 훨씬 더 자연스럽고 풀어내기가 쉽기 때문일 것이다. 팔십을 전후한 그분들에게 남은 생은 길어야 10년이기에 더 그럴 것이다.

토끼풀을 뜯어서 들고 가는 할아버지를 보면서 "저 할아버지는 경로당에도 안 나오고 옥상에서 토끼를 기르느라고 늘 저렇게 바쁘다"며 걸음걸이를 보라며 오래오래 건강하게 사실 분이라는 의학적 평가도 내리고, 시골 동네에서 과일 서리하다가 주인한테 걸려서 도망치다가 고무신 한쪽이 벗겨지는 바람에 들통 났다는 70년쯤 지난 추억거리도 스스로 풀어내신다.

스트레칭 운동기구를 돌리며 매일 하는 방식대로 몸을 풀고 정자 한구석에 앉으려는 나에게 80세는 넘어 보이는 할머니께서 지금 나이가 몇인데 그렇게 운동을 열심히 하느냐며 묻기에 이제 육십을 갓 넘었다고 말씀드리니 옷도 참 예쁘게 입었다고 칭찬도 하신다. 그러면서 옆에 계신 할머니께 아들 밥은 앉아서 먹고 사위 밥은 서서 얻어먹는 거라며 딸이 있어야 편하지만 그래도 아들이 집안의 기둥으로서 큰일을 한다고 말씀하신다.

이 동네에서 평생을 사셨다는 한 할머니는 옛날에는 저기 관악산 기슭에 아침마다 거지들이 깡통을 들고 기다리면서 제일 먼저 연기가 나는 집으로 밥을 얻으러 갔다고 한다. 일본에서 태어나 일곱 살 때 한국으로 들어오셨다는 할머니는 요즘 점심은 편의점에서 샌드위치 하나 사서 커피 한 잔과 함께 때운다며 세상 참 편해졌고 우리나라처럼 노인들에게 잘해 주는 데가 어디 있냐며 고마워해야 된다고 목청을 높이신다. 모든 분이 역사학자이고 의사이며 애국자다.

다이아몬드와 연필심의 성분은 동일하다. 모두가 탄소로 이루어져 있지만 최종적인 가치는 전혀 다르다.

인간은 똑같은 사회적 동물로 태어났다. 그러나 어떻게 사느냐에 따라 삶의 가치가 달라진다. 남에게 기쁨을 주는 사람은 사실은 본인이 행복하다는 걸 이미 깨닫고 용기를 내어 실천한다는 것만 다를 뿐이다. 다들 고만고만하지만 성과의 끝은 엄청나게 차이가 난다. 늦었다고 생각 들었을 때 시작해도 새로운 삶의 가치는 언제나 우리를 기다리고 있다.

처음엔 다 조그맣게 태어난다. 그러나 세월이 흐름에 따라 곱하기의 효과가 아닌 자승의 효과로 커진다. 특히 베풀고 사랑하는 마음은!

삶의 흐름이란

추석이 일주일도 채 남지 않았건만 장마철 같은 비가 하염없이 가을 아침을 적시고 있다. 8층에서 내려다보니 왼쪽으로 가겠다는 사람들, 오른쪽으로 가겠다는 사람들 그리고 표시를 하지 않고 직진하겠다는 사람들이 자동차 안에서 제 갈 길을 가려고 대기하고 있다. 횡단보도에는 파란불이 켜져 길을 건너는 사람들이 우산을 받쳐 들고 각자의 일자리로 향하는 모양이다.

이런 광경을 보면서 신호등이라는 사회적 약속이 없다면 어떤 현상이 나타날까 상상해 본다. 축구에서도, 권투에서도 사전 약속한 룰이 있기에 싸움박질이 아닌 정식 경기로 인식되고 거기에 따른 심판이 필요하고 구경하는 사람들이 몰려들어 누가 이길까, 어떤 결과가 나올까 각자 상상하며 즐긴다. 하다못해 한 가정 안에서도 일정한 규칙이 있어 서로가 할 일을 묵묵히 수행하면서 원활하게 돌아간다.

이러한 규칙이 없다면 늘 의견이 충돌하고 갈팡질팡 각자의 생각대로 행동하게 된다. 이렇게 되면 모두가 규제 없이 맘대로 행동할 수 있을지는 몰라도 좌충우돌의 불편함은 더 크게 감수해야 하므로 국가라는 조직에서 일정한 규칙을 정해서 국민들에게 모두가 지키라고 공지하고 위반할 경우 거기에 따른 제재를 가하는 것이다. 누구나 각자의 마음속에 사회적 약속은 꼭 지켜야 한다고 다짐하고 나머지 부분은 나름대로의 삶을 어떻게 영위할 것인가를 고민한다. 그런데 생각해 보면 규칙을 지키는 것보다 본인의 자유영역에 대한 설계가 더 어렵다.

신호를 지키고 군대를 가고 세금을 납부하는 것은 대부분 법대로 지켜야 한다고 생각하고 또 행동하는데 각자의 자유 분야를 어떻게 계획하고 어떻게 실천할 것인가는 천차만별이고 현실과의 타협 속에서 이루어지는 것이기에 모두가 삶의 예술가로서 다양한 작품의 결과로 나타난다.

많은 사람들이 은퇴를 앞두고 인생 제2막을 어떻게 출발해야 할지 고민한다. 어떤 사람은 전혀 새로운 분야에 도전하고 어떤 사람은 현직 때 하고 싶었던 일을 보충하려 할 것이고 또 어떤 사람은 그동안 해왔던 일을 최대한 연결시키려 할 것이다.

나이와 상관없이 새로운 분야에 진출한다는 건 두려움과 기대가 늘 함께한다. 리타이어(retire)란 말에는 은퇴한다는 뜻이 담겨 있다. 단어 그대로 해석하면 '타이어를 갈아 끼운다'는 의미가 있다. 여태까지 쓰던 자동차의 타이어를 교체하겠다는 건 새로운 각오와 결심이 있어야 한다. 타이어를 새 것으로 교체하면 기분이 상쾌해진다. 물론 비용도 많이 든다. 인생이라는 자동차는 계속 굴러갈 때 자동차로서의 가치를 유지할 수 있다. 그냥 세워놓고 쓰지 않는다면 값비싼 자동차를 아깝게 썩히는 것이다.

삶을 썩히는 건 아무런 의미 없이 시간을 죽이며 허무하게 갈

날만 기다리는 슬픈 모습이다. 기계도 움직이지 않으면 고장이 난다. 기름을 치고 계속 쓸 때 그 빛을 발한다. 타이어를 새로 갈아 끼우고 새로운 목적지를 향해서 가기 위해 시동을 걸어야 한다.

하루하루가 아깝다. 그냥 세워놓는다는 건. 조물주께서 무상으로 선물하신 육신에 혼을 불어넣어 신나게 사는 건 각자의 몫이다. 교회 앞을 지나는데 땅바닥에 '최고의 선수들이 기다리고 있습니다'라는 어느 술집의 지라시가 노랗게 시선을 끈다.

인생이라는 마라톤 경기에서는 누구나 선수로서 등장한다. 또한 관객이 된다. 그러나 어떤 분야의 선수가 되느냐는 스스로 정한다. 현실과 타협 속에서 때로는 본의 아니게 이상한 분야의 노란 선수가 되어 있을 수도 있다. 한때 한 분야의 훌륭한 선수로 존경받던 사람이 어느 날 갑자기 음지로 옮겨가는 경우도 많다. 남들이 볼 때는 양지에서 음지로 내려왔으니 참 딱하다고 느낄 수도 있지만 본인은 양지에 있을 때보다 음지에 내려온 후 더 편하고 이제야 자신의 진실 된 삶을 찾았다고 만족스러워할 수도 있다.

한 사람의 운명이란 자기 자신의 최선의 노력에 주변의 관심과 사랑이 더해져서 만들어진 것이라고 생각한다. 누가 나를 이런 꼴로 만들어놨느냐고 한탄해 봤자 그 작품의 작가는 본인이기에 남을 탓해서는 안 된다. 오래전에 전력을 다해 그렸던 그림이 지금 와서 보면 내가 그때 그런 생각을 가졌었나 하며 웃기도 하는 게 지나간 삶에 대한 우리들의 느낌이다. 또다시 새로운 작품을 만들어도 세월이 흐른 뒤 보게 되면 또 다른 느낌을 받을 것이다.

세상에 완벽한 작품이란 없다. 세상에 완벽한 삶도 없다. 작가는 만족하지만 관객은 아니라고 생각할 수도 있고 보는 사람은 훌륭한 작품이라고 평가하지만 작가 본인은 덧칠을 하고 싶은 곳이 눈에 들어올 수 있다. 이렇듯 우리네 삶의 흐름이란 늘 완벽을 추구하지만 지나고 보면 미흡한 구석이 느껴진다. 우리는 늘 반성하고 이제부터는 더 잘해야지 하며 살아가고 있다. 그것이 삶의 속성이다.

부탄이라는 나라는 빈국에 속하지만 국민들이 느끼는 행복지수는 최고라고 한다. 요즘 한국의 젊은이들은 이해 못하는 사람들이 많을 것이다. 그러나 오랜 세월을 살아온 나이 드신 분들은 "그래 맞아"라고 동의할 수도 있다.

사람들은 나름대로의 잣대를 품고 세상을 잰다. 행복과 불행, 만족과 불만, 긍정과 부정, 선과 악, 효도와 불효, 아름다움과 추악한 것 모두 자기의 잣대에 따라 다른 생각들을 갖게 된다. 내가 낳은 자식이라고 그 속을 다 알 수는 없다. 내 가슴속에 들어 있는 내 마음도 왔다 갔다 하는데 하물며 내가 아닌 사람의 속을 어찌 정확하게 헤아릴 수 있겠는가. 다만 상대방의 말을 경청하면서 그 사람의 마음을 유추해서 해석할 뿐이다. 지금은 길바닥에 떨어진 노란 지라시의 선수라도 세월이 지나면 어떤 분야의 새로운 길을 가고 있을지 본인도 주변 사람도 알 수 없는 게 우리네 운명이다.

남자라면 한때 노란 지라시의 관객으로 참여한 경험들이 있을 것이다. 그러나 한두 번 호기심이 발동해서 잠시 관객이 되었을 뿐 그것으로 그 분야에 대한 관심은 끝이 난다. 이렇듯 선수도 관객도 변한다. 과거의 관객이 오늘의 선수가 될 수 있고 그 반대인 경우도 존재할 것이다.

잘나가던 기업가가 부도 끝에 서울역 지하철에서 노숙자로 생활하는 모습을 많이 보았다. 반대로 노숙자가 사회의 리더로 변신한 뉴스도 접했다. 양이 음이 되고 음이 양이 되는 건 누구도 예측하지 못했던 일이고 앞으로도 알 수 없다. 돈이 없어도 신나게 사는 사람이 있고 "돈! 돈! 돈!"을 입에 달고 살아가는 사람도 많다. 무책임한 말일지 몰라도 돈의 노예가 되느냐 아니면 돈을 초월해서 사느냐는 사람에 따라 세월에 따라 마음먹기에 달렸다.

우리네 삶의 흐름이란 작가로서 관객으로서 예단할 수 없는 어렵고 복잡한 예술이기도 하고 "인생이 뭐냐?" 하면서 단순하게 생각할 수도 있다. 다만 모두가 본인이 설계하고 행동한 결과의 연속이 삶이라는 작품인 것은 마찬가지일 뿐이다.

소중한 이웃사촌들

팔순이 넘은 할머니들, 매일 노인정에서 고스톱을 즐기신다. 네 분이 치시고 두 분은 구경하신다. 그러다가 구경하시던 할머니가 3광을 먹어야 한다고 코치하자 그 판에서 지신 할머니가 왜 얘기를 해주느냐고 성을 내신다.

그러나 바로 깔깔깔 다들 웃으신다. 공원을 청소하러 온 미화원들에겐 좀 쉬었다 가라신다. 10원짜리 고스톱 쳐서 언제 과자 값이 나오느냐며 옆에 앉은 미화원이 농을 건다. 한 근에 1천 원이라는 마이크 소리에 옆에서 구경하시던 할머니가 고스톱을 치는 네 할머니들에게 1천 원씩 내라 하여 트럭으로 가서 찰토마토를 사가지고 오신다. 어떤 할머니는 점심도 걸렀으니 토마토나 먹어야겠다 하신다.

일본의 한 사회학자가 "고스톱이 치매예방에 좋은 놀이"라고 말했다. 여기 모인 할머니들은 그래도 건강하시기에 노인정이라도 나와서 친구들과 어울리시는 거다. 매일같이 놀아주는 이런 동네 친구라도 없었다면 하루하루가 얼마나 적적하고 무료했을까. 동네가게가 문 닫는다는 소식에 남의 걱정도 해주신다. 이윽고 씻어 온 토마토를 하나씩 나눠주시는데 운동을 마치고 옆 벤치에 앉아 있는 나에게도 토마토를 주시며 같이 먹자 하신다.

옛날 인심이 그대로 살아 있다. 요즘 같은 인터넷 세상에 사는 개인성이 강한 젊은이들과는 비교할 수 없는 현상이다.

점심때 만났던 이 지점장이 가사문제로 어쩔 수 없이 작년에 경기도 여주로 귀농해서 혼자 시골에서 지내고 있는 하 사장을 걱정하며 그렇게 사회생활을 분주하게 하던 사람이 어떻게 유배생활을 하고 있는지 모르겠다고 했듯이 그래도 사람은 사람들 속에서 살아야 새로운 기회도 접할 수 있고 삶의 윤기를 잃지 않는다.

이웃사촌은 1년에 두세 번 보는 친형제보다 더 자주 만나고 음식도 나눠먹고 애기할 거리도 많을 수밖에 없다. 멀리 떨어져 살다 보면 얼굴을 맞댈 수 있는 기회도 비례해서 줄어든다. 나이 들어 한 동네에서 매일 볼 수 있는 친구가 있다는 건 그런 의미에서 대단한 행운이기도 하다.

요즘 메르스 때문에 온 나라가 난리법석이다. 그래서 노인들도 외출을 삼가는 것 같다. 매스컴에서 외출 시 마스크를 착용하라고 연일 홍보하지만 대부분의 행인들은 그냥 다니고 젊은 여성 둘은 마스크를 쓰고 동네 공원 옆을 지나가고 있다.

몇백 미터 떨어진 또 다른 공원에는 할아버지 여섯 분이 벤치에 앉아 한 쪽 방향을 다 같이 주시하고 있다. 중학생들이 수업을 끝내고 정문을 나서는 모습을 보고 계신다. 육칠십 년 전을 회상하며 젊은 시절이 그리워 그런가 보다.

얼마 후에는 술을 먹자고 벤치에서 정자로 몇몇 할아버지가 자리를 옮긴다. 한 할아버지가 여긴 여자들 자리라고 하니 옆 할아버지가 그런 법이 어디 있냐며 그냥 앉으라고 한다. 인근 정형외과에 입원 중인 남편을 휠체어에 태워 나온 아주머니는 병원비는 보험회사에서 나오지 않느냐고 묻는다. 잠시 후엔 예수를 믿으라며 전단을 내미는 아주머니가 할아버지들에게 전도 활동을 열심히 한다.

애기 엄마 둘은 벤치에 앉아 미끄럼틀을 타는 아이들을 감독하며 휴식을 취한다. 부부인지 아닌지 잘은 모르겠으나 남녀 미화원이 등에 무단투기단속이라는 글자가 굵직하게 인쇄된 조끼를 입고 공원을 청소한다. 또 다른 전도 활동자가 보이자 먼저 왔던 분이 오늘 전단을 몇 장이나 갖고 나왔느냐고 묻는다. 한 분은 40매, 또 한 분은 70매를 갖고 나왔다며 집에 있으면 잡념만 생기니깐 이렇게 나와서 전도 활동하는 게 차라리 더 낫다고 얘기한다.

얼마 후 한 할아버지가 술과 안주를 사가지고 정자에 나타나면서 낮술은 시작된다. 여기에 동참하지 않은 할아버지가 있다. 어린 손녀를 보시느라고 그렇다. 애기 엄마 둘이 그 할아버지를 바라보고 있다. 부러워서 그런지 친정아버지 생각이 나서 그런지 모르겠다. 정자 아래에서는 삼겹살이 지글지글 익어가고 소주잔은 이곳저곳을 돌아다닌다.

짐승은 만족을 알지만 수치를 모르고, 인간은 수치를 알지만 만족을 모른다는 말이 있지만, 할아버지들은 지금 이 순간의 행복을 현실적으로 누리며 살고 있는 것 같다.

과거는 지나간 세월일 뿐이다. 옛날에 느꼈던 행복은 오로지 추억일 뿐이다. 지금 행복해야 하고 오늘을 만족하며 살아야 한다.

거기에는 사람이 함께해야 행복이라는 요리를 맛있게 만들 수 있다. 동네 친구와 어울리기 위해 집에서 불판도 가져오고 부탄가스와 삼겹살도 내놓는 것이다. 누구를 위하여 종을 울리나? 그것은 남을 위한 것이 아니라 궁극적으로는 나를 위한 것일지도 모르겠다. 멀리 사는 자식보다 옆에 사는 동네 친구들이 약속어음이 아니라 현금처럼 느껴지는 건 부모님 입장에서 자식들 얼굴 보기가 결제기일이 먼 약속어음 같아서 그럴지도 모를 일이다.

매일 매일 즐거움을 찾는다는 건 시간을 소비하는 것이 아니라 일상의 행복에 투자하는 것이다.

할아버지들이 둘러앉아 함께 드시는 소주와 삼겹살에는 옛날 얘기와 자식들 사는 얘기가 후춧가루처럼 뿌려지고 파안대소가 이어질 것이다. 이렇게 즐겁게 술을 드시며 놀다가도 취기가 돌면 상대방을 언짢게 하는 말이 튀어나와 괜스레 분위기만 사그라지

는 때도 있다. 왕년에 청와대에 근무했었고 인덕원에는 빌딩이 두 채 있으며 큰아들은 현직 검사라고 묻지도 않은 자랑을 늘어놓으면서 동네 친구의 아픈 가슴을 건드린다.

이런 자리에서는 그저 상대방의 넋두리나 들어주면서 가끔씩 추임새나 넣고 누군가와 나를 비교하려는 마음을 버리며 적당하게 마셔야 친구가 떨어지지 않는 법이다. 괜히 자기 말만 많이 해서 실수하고 왕따 당하는 사건이 일어나지 않도록 경청하는 자세와 배려하려는 마음을 항상 잊지 말아야 한다.

이웃끼리 잘 지내려면 "이웃집 며느리 흉도 많다"는 속담처럼 잘 아는 사이일수록 상대방의 결점이 눈에 띄더라도 장점만 찾아 좋은 친구관계가 되도록 노력해야 한다.

인연은 소중한 자산인데 늘그막에 그나마 몇 명 안 되는 친구 다 떨어지면 어찌 살겠는가.

친구가 되어

70대로 보이는 두 노인이 횟집에서 낮술을 즐기면서 KBS '전국노래자랑'의 MC를 맡고 있는 방송인 송해 선생에 대한 얘기를 나누고 있다.

"그 양반이 27년생이니까 우리 나이로 89세야."

정말 정정하다며 앞에 앉은 친구에게 "요즘 왜 어깨가 구부정해 보여? 건강 조심하셔! 그동안 내가 안 와서 심심했지?"라고 묻는다.

요즘 나이 드신 분들은 점심을 늦게 하는 경우가 많다. 바쁜 직장인들 틈바구니 속에서 한 좌석을 차지해 민폐를 끼치는 게 미안해서 배려하는 마음일 것이다.

오후 1시가 조금 넘은 늦은 점심이라 식당에는 다른 손님은 없고 그분들과 우리 팀만 있어 대화 내용이 그대로 귀에 들어온다. 듣다 보니 나와 관련이 있는 옛 직장에 대한 얘기도 나온다.

"그 자식들 왜 그렇게 회사를 시끄럽게 만들어. 아마 전임 회장도 다 엮여 있을 거야."

이 소리에 나도 모르게 궁금증이 발동해서 일부러 화장실을 가면서 두 분의 얼굴을 확인하였다.

그런데 두 분의 얼굴을 비교해 보니 친구 사이가 아니라 연령 차이가 느껴지는 선후배 관계로 보였다. 화장실을 다녀온 후 들려오는 이야기 속에서 절친한 직장 선후배가 맞다는 걸 확신할 수 있었다.

얼굴을 보기 전에는 정말 친구처럼 다정다감하게 이야기꽃을 피운다고 느꼈는데 "선후배지간에 어떻게 저렇게 격의 없이 지내는 사이가 되었을까?"라는 의문과 부러움이 함께 내 머리를 휘감았다.

현장에서 스케치해 놓았던 소재로 이 글을 써내려가는 와중에 선배님으로부터 점심을 같이하자는 전화를 받으면서 친구(親舊)라는 단어에 대하여 다시 한 번 조명하게 되었다. 말 그대로 옛것과 친하다는 뜻인데 여태까지는 학교 동창이나 군 동기 등 같은 또래만 친구라고 생각했는데, 나이가 들면 이야기 친구로 가깝게 지내면서 자주 보면 넓은 의미의 좋은 친구가 될 수 있겠다는 생각을 하게 되었다.

"친구는 옛 친구가 좋고, 옷은 새 옷이 좋다"는 속담처럼 오랫동안 자주 보고 가깝게 지내면서 말동무가 된다는 현실이 더 의미가 있어 보인다.

과부 사정은 과부가 안다는 말처럼 요즈음 선배님과 만나면 은퇴 후 생활에 대하여 대화를 나누는 경우가 많아졌다. 점심을 같이하고 산책을 한 후에는 커피 집에 들러 긴 이야기를 나누는 코스로 오후가 정리된다. 선배님과 마찬가지로 나도 아이들이 다 독립해서 부부만 사는 가구가 되었다. 선배님과 내가 다른 건 선배님은 손주들이 있고 나는 그렇지 않다는 것뿐이다.

이런 저런 애기 끝에 은퇴부부의 생활비에 대한 이야기로 이어졌다. 나는 얼마 전 신문에서 본 기사내용을 꺼냈다. 2014년 통계청 조사결과, 우리나라 은퇴부부의 월평균 최소 생활비는 168만 원이고 적정 수준의 생활비로는 246만 원이 필요하며 좀 여유로운 생활을 하려면 월 357만 원은 있어야 한다는 내용이었다. 이 얘기를 듣고 나서 선배님은 통계청 자료인 최소족(168만 원), 적정족(246만 원), 여유족(357만 원)에 3단계가 더 있다며 월 400만 원대의 VIP족, 월 500만 원대의 VVIP족 그리고 월 600만 원대의 MVP족까지 총 6가지 등급을 제시했다. 재미있는 발상이라며 두 사람 모두 깔깔깔 웃었다.

칠팔 년 전, 어느 경제신문사에서 주최한 행사에 참가해서 강연을 듣게 되었다. 은퇴 후 만 65세까지가 제일 중요하다며 언제까지나 건강이 보장되지 않으니 이 시기에 최대한 인생을 즐겨야 한다며 그동안 못다 한 여행도 다니고 친구들과 자주 어울리며 벌어놓은 돈 좀 팍팍 써야 나중에 후회하지 않는

다는 내용이었다. 그러나 누구나 똑같은 처지가 아니기에 알면서도 실행을 못하는 경우가 많은 게 사실이다.

야구에서도 빠른 직구를 던질 수 있는 투수라도 스피드 하나만으로는 에이스가 될 수 없고 여러 가지 변화구를 구사할 때 강속구도 위력을 발휘하게 되듯이 우리의 삶이라는 경기에서도 경제력 하나만으로는 행복의 크기를 아우를 수는 없을 것이다.

얼마 전에 칠십을 코앞에 둔 선배님이 해주신 말씀이 생각난다. 나이 들어서는 건강이 1번이고 경제력이 2번이며 마지막으로 마인드가 중요하다며 건강을 잃으면 모든 걸 즐기기 어렵고 건강하더라도 어느 정도의 경제력이 뒷받침되어야 주변 사람들과 어울릴 수 있으며 마지막으로는 내 삶의 주인공이 된다는 마인드가 꼭 필요하다고 했다. 전적으로 동감하는 내용이었다.

신체적, 정신적, 경제적, 사회적, 인간관계적으로 건강해야 무지개처럼 아름다운 삶을 영위할 수 있다. 남들이 볼 때는 걱정거리가 하나도 없어 보이는 사람도 늘 고민하며 살아가는 것은 남이 보는 나와 내가 보는 나의 현실과 가치관이 다르기 때문일 것이다.

무엇이 더 먼저이고 무엇이 더 중요한 것인지는 각자의 생각에 따라 다르다. 마치 사람마다 얼굴이 다르고 신체의 크기가 다르며 성격이 다르듯이. 사람은 자기가 아는 범위를 기준으로 상대방을 평가하고 비교하려는 속성이 있다.

삶의 향기는 그 사람의 현실과 품고 있는 정신이 녹아들어 만들어지는 것으로써 억지로 만들 수 있는 게 아니다. 똑같은 물이라도 어떻게 생긴 그릇에 담느냐에 따라 느낌이 다르듯이 삶의 향기도 마찬가지가 아닐까 싶다.

언젠가는 누구나 은퇴를 한다. 시기의 차이만 있을 뿐이다. 은퇴를 하고 나서 세상을 다시 배우게 된다. 특히 친구라는 의미에 대해서 많은 걸 다시 생각하게 된다. 젊은 시절에 느꼈던 친구에 대한 감정과 지금 느끼는 친구는 여러 가지 측면에서 많이 다름을 느낀다. 유유상종(類類相從)이라고 비슷한 처지에 놓인 사람끼리 만나는 경향이 강하고 가까운 곳에 살아야 한 번이라도 더 자주 만나게 되며 걱정 근심이 없어야 먼저 친구에게 연락하게 된다.

친구를 만나도 상대방에 따라 대화의 주제가 달라지지만 나이가 들면 건강이 제일 중요하다는 건 어느 부류의 사람을 만나도 똑같다. 그리고 적극적으로 나서지 않으면 외롭게 하루를 보내게 된다. 본인이 먼저 연락을 하거나 최소한 상대방으로부터 연락을 받으면 진심으로 고맙게 생각해서 만나러 가야 외로움에서 벗어날 수 있다.

나이가 들면 이런 저런 사유로 선후배지간에 친구처럼 만나게 되고 이웃사촌의 필요성을 현실적으로 느끼게 되는 모양이다. 그래도 오리지널은 소새끼, 개새끼 하면서 옥신각신 술잔을 기울이는 어릴 적부터 만난 옛 친구가 더 그리운 건 가슴속 깊이 박혀 있는 오래된 추억이 생생하게 남아 있어 그렇지 않을까.

비둘기의 사랑을 보면서

엘리베이터 안에서 나의 전신을 쳐다본다. 오늘 따라 키가 작아 보인다. 옆으로 보니 요즘 배가 들어갔다고 생각했는데 그런 거 같지도 않다. 행길에서 마주 오는 사람이 크게 보인다. 막상 옆으로 스쳐갈 때 비교하니 나보다 작은 키다. 어떨 땐 내가 크게 보이기도 하고 어떨 땐 작아 보이기도 한다. 그때그때 다르게 느껴진다. 모임에서 자주 만나는 친구가 어떨 땐 부러워 보이고 어떨 땐 걱정스럽게 느껴질 때가 있다.

나만 그렇게 생각하지는 않을 것이다. 상대방이 나를 볼 때도 시시각각으로 다른 느낌을 받을 것이다. 내가 보는 나와 남이 보는 내가 다를 수 있듯이 내가 나를 볼 때도 정반대의 느낌을 갖는 건 무엇 때문일까? 나는 행복하다고 생각하다가도 불쑥 고민거리가 떠오르면 왜 이렇게 사는 게 힘든지 짜증이 나기도 한다. 그러다가도 다른 사람들도 이 정도 고민은 하면서 살 거라고 자위하면서 먹구름을 빨리 걷어 내려고 자기최면을 건다.

신문에서 우울증에 관한 칼럼을 보면서 환자만 그런 게 아니라 일반인들도 일상생활을 하다 보면 아주 약한 수준의 우울증은 있다고 나름대로 생각했던 적이 있었다. 그런 판단을 의사가 아닌 내가 할 수 있었던 것은 나의 키가 작게 보일 때도 있고 크게 보일 때도 있으며, 내가 행복하다고 느껴질 때도 있지만 그렇지 않을 때도 있음을 스스로 깨닫게 되었기 때문일 것이다. 단지 우울증 환자가 느끼는 우쭐함과 울적함의 폭의 차이와 일반인들이 느끼는 정도가 크게 다를 뿐이라고 생각한다.

어디서 늦가을 무서리를 맞았는지, 온갖 시름의 표출인지 백발의 할머니가 공원 벤치에 앉아 옆 친구에게 말한다. "이 세상에서 의사와 간호사가 제일 불쌍해! 맨날 병든 환자와 씨름하며 아프다는 말만 들어주잖아." 그러면서 땅바닥을 분주하게 거니는 비둘기 세 마리를 보며 "저것 좀 봐! 지가 암놈을 차지하려고 다른 수놈을 옆에 못 오게 쫓아내잖아."

할머니 말을 듣고 비둘기를 살펴보니 덩치가 작은 암놈 한 마리에 덩치가 큰 수놈 두 마리가 병아리처럼 몰려다니며 사랑싸움을 하는데 희한하게도 수놈 한 놈만 정상이고 사랑의 커플인 다른 수놈과 암놈은 발가락이 두 군데씩 절단된 장애의 몸인데 동병상련(同病相憐)이라고 서로 가엾게 느꼈는지 사랑을 나누는 것처럼 보였다.

할머니는 비둘기 얘기를 끝내자마자 이번엔 '사랑은 아무나 하나…'라는 노래를 부르며 사람도 저 비둘기처럼 늙으나 젊으나 저렇게 돌봐줘야 사랑하는 거란다.

인간이라는 단어가 사람 인(人) 자와 사이 간(間) 자가 합해져 만들어진 것처럼 사람과 사람 속에서 살아가는 게 우리네 인간이다. 어떤 부분은 제외한 채 나머지만 사랑한다는 건 이기심일 뿐 진정한 사랑은 아니다.

16세기 북유럽 르네상스를 이끌었던 독일 화가 한스 발둥의 '인생의 세 시기와 죽음'이라는 그림을 보면, 어린 아기와 엄마 그리고 늙은 할머니와 팔짱을 끼고 오른손에는 모래시계를 들고 거의 해골 상태로 죽음을 향해 걸어가는 할아버지가 나타난다. 누구나 태어나서 어른이 되고 사랑을 나누며 젊음의 화려함을 지나 잘났건 못났건 세월의 손짓에 따라 늙어 공평하게 죽음으로 간다. 삶은 기간이 있기에 더 가치를 느끼게 된다.

그런데도 천년만년 죽지 않고 살 것처럼 자기 삶을 과시하고 끝없이 욕심을 부리며 매일매일 전쟁을 치르듯 몸부림친다. 한 번뿐인 인생을 즐기며 살아가기에는 짧은 시간인데 사람을 사람으로 사람답게 대하는 진실한 인간관계를 외면하고 자기 욕심만 우선하며 진정으로 소중한 것들을 잃고 살아간다. 말로는 사랑한다고 하면서 진실과 가슴이 없는 싸구려 사랑을 즐기며 혼자 우쭐함 속에서 늙어간다.

알렉산더 대왕은 죽기 전에 "나를 묻을 때 내 손을 무덤 밖으로 빼놓고 묻어주게! 천하를 손에 쥔 나도 죽을 땐 빈손이란 걸 세상 사람들에게 말해 주고 싶다네"라는 마지막 말을 남겼다고 한다.

생로병사의 과정으로써 비록 몸은 성하지 않지만 아까 만났던 그 비둘기 커플은 진정으로 사랑하며 살다가 아름답게 이 세상을 떠날 것이다. 빈손으로!

나의 1004 ♡♡♡!

많은 사람들이 마음의 상처를 갖고 살아간다. 그것도 가장 가까운 가족이나 친구, 사랑하는 사람, 직장 동료들이 등에 비수를 꽂아 큰 상처를 남긴다. 혈연으로, 우정으로, 사랑으로, 일로 맺어진 인간관계 속에서 늘 행복하게 평생 동안 동행하는 마음으로 살겠노라 다짐하지만 간혹 상상도 못할 상대방의 생각과 행동이 그런 마음을 깨뜨리는 경우가 있다. 그 이유가 무엇이든 누구나 심한 분노를 느끼며 별의별 생각을 다하게 된다.

사랑했던 사람이 돌변하여 이별을 고할 때 "옛날에 금잔디 동산에 메기 같이 앉아서 놀던 곳…"이라는 노래에 메기 대신 그대 이름을 붙여 불러주며 아름다운 이별을 받아들이는 멋진 드라마를 상상해 본다. 삶의 여유를 갖는다면 그 용기로 어떤 상처도 치유할 수 있으리라 생각한다. 세상에서 제일 아름다운 것이 남을 용서하는 힘이란다. 남을 용서하면 결국은 나를 용서하는 것이 되어 먹구름도 걷히고 어둠의 긴 터널을 빠져 나올 수 있다.

옛날 어른들은 줄곧 말씀하셨다. "남에게 화를 내는 건 자기 자신에게 화를 내는 것으로 본인만 손해"라는 것이다. 이 말씀을 다시 이해하고 실천하기까지 60년이 넘는 세월이 흘렀다. 마음속에

적개심을 품으면 스트레스 호르몬인 아드레날린이 혈압을 치솟게 하며 한번 화를 내면 8만 4천 개의 세포가 죽는다고 했다. 이렇게 세포가 죽어가면 기억력이 감퇴되고 노화가 촉진된다고 한다.

이제야 어떤 일에도 화를 내지 않는 내성이 생겼고 어쩌다 신경질이 날 때면 '이러면 나만 손해지'라고 머릿속으로 되새기며 참자고 결심한다. 상대방이 시비를 걸어와도 씩 웃어버리며 피한다.

고등학교를 졸업하고 교양 영어를 들을 때 understand라는 단어의 의미를 배웠는데 지금까지도 나에겐 훌륭한 삶의 지침으로 남아 있다. 상대방과 다툴 때 싸움을 피하려면 상대방보다 낮게(under) 서라(stand)는 얘기다. 그렇게 하면 싸움이 성립되지 않을 뿐 아니라 상대방의 화도 풀린다고 한다. 즉 상대방을 이해한다(understand)는 의미로 이 단어가 생겼다는 것이다. 똥 묻은 개가 겨 묻은 개를 나무라더라도 그 자리에서 즉각적인 반응을 피하는 게 삶의 지혜일 것이다.

사랑하는 사람을 자기만의 애인으로 간직하고 싶은 건 누구에게나 로망이다. 이것도 모자라면 결혼해서 집사람으로 만들어 누구도 넘보지 못하도록 법적 열쇠로 잠근다. 남자들 사이에서도 좋아하는 친구가 생기면 나를 제일 좋아해 주길 바란다. 결혼 후 자식이 생기면 그들에게 모든 걸 다해 주려 희생한다. 그러나 자식들은 성인이 되어 자기만의 사람을 찾아 나선다. 이렇게 되풀이되는 게 가족 사회다. 인간은 가족만으로는 사회적 만족을 느낄 수 없다. 그래서 친구를 만들고 동료를 만들고 상사와 부하를 만든다. 외로운 섬이 안 되려고 부단한 노력으로 많은 인간관계를

맺는다. 그리고는 심한 가뭄에 단비를 기다리듯 그리운 사람을 기다린다.

나의 1004가 나만을 사랑하기를 바라며, 그 반대로 나만의 1004를 사랑하고 싶은 심정으로 살아간다. 그러나 모든 인간관계가 내 생각대로 평화롭게만 유지되지 않는다. 사사로운 일에 오해를 사고 갈등을 일으키고 끝내 돌아오지 못할 다리를 건너기도 한다. 돌아가신 아버님의 말씀이 생각난다. "남을 때린 놈은 오그리고 자지만 맞은 놈은 두 다리 뻗고 편하게 잔다"고.

상대방에게 마음의 상처를 주는 사람은 대부분 순간적으로 흥분하거나 오해해서 돌이킬 수 없는 실수를 하는 경우가 많다. 그러나 마음의 상처를 받은 사람은 평생을 잊지 못하고 가슴속에 담고 사는 경우가 많다. 이럴 때 어느 누군가 먼저 용기를 내어 손을 내밀며 용서를 구하고 또 그것을 받아들임으로써 서로의 암 덩어리를 제거할 수 있다. 대부분의 사람들은 화가 나면 그 속에 갇혀서 객관적으로 판단도 못하고 나를 보지도 못한다. 시간이 지나면 분한 마음이 조금씩 사그라지기도 하지만 죽을 때까지 가슴에 담고 가는 경우도 있다.

재산이 있으면 세금을 내야 하듯이 분노를 잊지 못하고 품고 살면 암 덩어리가 되어 정신적 신체적으로 그 대가를 지불해야 한다. 상대방은 아무렇지 않은데 본인만 고통 속에 허우적거리고 있다. 차라리 그럴 바에는 내가 천사가 되어 상대방에게 손을 먼저 내미는 것이 더 현명하지 않을까 싶다. 인간은 신처럼 완벽할 수 없다. 실수를 했다고 판단되면 즉시 상대방에게 용서를 빌고 평안을 찾는 게 옳다.

일요일 아침 9시가 조금 넘은 시간에 해장국집에서 50대 남자 둘이 밖으로 나와 한 사람은 언성을 높이며 화를 내고 다른 한 사람은 이제 그만 좀 참으라고 달랜다. 아마 안에 있는 또 다른 사람과 술을 같이 먹다가 다툼이 있었던 것 같다. 참을 인(忍) 자 셋이면 살인도 피한다는 말이 있듯이 좋은 술 마시면서 허허실실 받아들이면 될 것을 그냥 넘기지 못하고 서로에게 상처만 남기는 꼴이 되었다. 싸움을 하면 둘 다 패자가 되는 것이고 곧 후회할 것을 알면서도 순간순간을 참지 못해 기분만 상하게 된다.

가정에서도, 친구지간에도, 직장에서도 욱하는 성질 때문에 화를 못 참고 사건을 만든다. 모든 건 입이 문제다. 조물주께서 인간에게 입을 하나만 만들어주신 것은 한 번 뱉은 말은 다시 주워 담을 수 없기에 늘 신중하게 생각한 후 입을 열라는 뜻이었는데 주위에는 말을 먼저 하고 생각은 나중에 하는 사람들이 많아 다툼이 일어나고 화를 나게 만든다. 아마도 천사가 되려면 귀는 활짝 열고 입은 다물며 화가 나는 일이 생기면 '찾아가는 서비스'로 해결사 역할을 해야 될 것이다.

꽃은 자신을 자랑하지도, 남을 미워하지도 않기에 인간에게 기쁨을 주는 모양이다. 후회하지 않는 삶은 "그때 참았더라면, 그때 잘했더라면, 그때 알았더라면, 그때 조심했더라면"라는 아쉬움이 없도록 처신하는 게 아닐까 싶다. 누구나 1004가 될 수 있다. 마음만 열고 살면!

영어로 쿡(cook)이라는 단어는 '요리하다'라고 쓰이지만, '불에 굽다'는 의미도 있다고 한다. 내 마음을 불에 구워 상대방에게 언제 어디서나 맛있는 음식을 내놓는 일류 요리사가 되어보자!

그대에게 119가 될게요

한 달에 한 번은 꼭 방문해야 하는 박 내과. 9년째 거르지 않고 다니고 있는 병원이다. 박 원장은 늘 소탈하고 정감 있게 환자와 인사를 나눈다. 그래서 그런지 갈 때마다 환자가 북적거려 오래 기다린다.

점심을 일찍 끝내고 곧바로 달려가니 대기석에는 한 명이 기다리며 잡지책을 보고 있고 간호사는 아직 보이지 않는다. 선착순으로 자필 기재하는 진료접수대장에는 세 명의 이름이 적혀 있다.

오후 진료는 2시부터 시작된다. TV도 꺼졌고 신문도 안 보이기에 나는 자동혈압측정기에 앉아 오른 팔뚝을 집어넣었다. 잠시 후 최고와 최저의 혈압지수와 함께 맥박수가 액정화면에 표시되고 맹인을 위한 서비스인지 몰라도 음성으로 수치를 들려준다.

이때 박 원장이 점심을 끝내고 들어오면서 "안녕하세요?"라고 인사를 건넨다. 잠시 후 간호사들이 제자리에 앉으면서 TV가 켜지며 오후 진료가 시작되었다.

순서가 되어 간호사의 호명으로 진료실에 들어갔다. 언제나 미소와 함께 어서 오시라는 인사를 받으며 환자 자리에 앉았다. 여느 때와 마찬가지로 오른쪽 팔뚝에 혈압측정기를 완장처럼 채우고 칙 칙 칙 하는 소리와 함께 공기를 채워 넣고 잠시 기다리면 높은 수치와 낮은 수치가 나온다. 박 원장은 조금 전에 점심을 하고 들어오면서 들었던 자동측정기의 수치를 얘기하며 이번 달부터 혈압 약을 반으로 줄여 보자고 한다. 물론 어느 환자나 마찬가지겠지만 나는 고맙다고 응답했다. 좌우지간 기분 좋은 날이다. 약국을 들러 한 달분 약을 받고 아침에 걸렀던 스트레칭 운동을 하러 동네 공원으로 향했다.

공원까지는 약 40분 정도 걸으면 도착한다. 한 20분쯤 걸었을 때 여중생이 무단횡단을 하다가 승용차에 치는 사고를 목격하게 되었다. 땅바닥에서 꼼짝 못하고 배를 깔고 쓰러져 있다. 이 순간을 목격한 가족처럼 보이는 애기 아빠가 핸드폰을 꺼내 급하게 전화를 한다. 아빠 곁에서 장난치던 네댓 살쯤인 어린아이는 너무 놀라서 격렬하게 울고 있다.

쿵 소리와 함께 길 건너편에 있던 행인이 반사적으로 핸드폰을 꺼내 119를 찾는 걸 보고 나는 꺼냈던 핸드폰을 다시 주머니에 넣었다. 마침 그곳을 지나가던 경찰차가 섰다. 얼떨결에 사고를 냈던 운전자가 그제야 정신을 차려 차에서 나온다.

경찰은 119를 불렀느냐고 운전자에게 물은 후 하얀 스프레이를 꺼내 사고를 당한 여중생의 신체 모습을 따라 그대로 선을 긋는다. 얼마 되지 않아 우리 모두가 숨 가쁘게 기다리던 119구급차량이 도착해서 여성 구급대원이 여중생 곁에 쭈그려 앉아 대화를 시도한다. 그러면서 목, 어깨, 허리, 다리 등을 눌러보며 어디가 아프냐고 하나하나 체크한 후 목 보호대와 허리 보호대를 채우고 남성구급대원과 함께 들것으로 조심스럽게 옮긴다. 들것을 구급차에 싣고 사이렌을 울리면서 119는 병원으로 향한다. 가족과 사고 운전자는 경찰관에게 어디로 가느냐고 묻고 곧 뒤를 따라간다.

언제나 119는 우리에게 감동을 남긴다. 언제 어디서나 사람들은 급한 상황이 벌어지면 119를 부른다. 화재 발생 시 인명구조보다 별의별 사고로 출동하는 일이 훨씬 많을 것이다. 그만큼 우리 모두가 믿고 사랑하기 때문이다. 우리가 그나마 선진국 대열에 들어서면서 119를 통해 체계적인 구급지원을 받을 수 있는 것이다.

지금으로부터 50년 전인 1960년대 초, 초등학교를 다닐 때 한 여자아이가 삼각지 대로를 무단으로 뛰어 건너다 택시에 받혀 한 2m쯤 공중으로 붕 떴다가 땅바닥에 떨어지는 걸 직접 목격했었다. 건너편 동네에 사는 그 아이는 결국 생명을 구하지 못했다는 소식만 남겼다. 2015년 오늘과는 너무나 다른 세상의 이야기다.

살아오는 동안 우리에겐 수많은 119가 있었다. 박 내과 원장도 나에겐 9년째나 119역할을 하고 있는데 박 원장을 소개한 사람은 50년 지기 친구였다. 같이 술을 마시다가 요즘 자주 목이 뻣뻣해 죽겠다고 얘기했더니 그러지 말고 병원에 가서 혈압을 체크해 보라며 박 내과를 소개해 주었다.

32년 전인 1983년에 인연이 되어 같

은 부서의 직장상사로 모시게 된 11년 선배님은 과장 진급을 앞둔 나를 위하여 몇 날 며칠을 퇴근하면서 밤마다 임원 자택 앞에서 기다리다가 만나뵙고 건의해서 결국은 진급 대상자에 포함시켜 주셨던 119였다.

2002년 월드컵을 한국에서 개최할 때였다. 팔뚝에 담뱃갑 크기의 땀띠가 생겨서 며칠째 피부과를 다녔는데 너무 아파서 잠도 제대로 못 자고 피곤해 죽겠다고 아는 분에게 말했더니 그거 피부병이 아니라 대상포진이라며 빨리 대학병원으로 가보라고 하였다. 그래서 진료를 받았더니 대상포진으로 확진되어 5일간 입원하면서 같은 병실의 환자들로부터 이렇게 빨리 치료받지 않았다면 평생 자기들처럼 고생했을 거라고 한 사건도 지금 생각해 보니 결국은 그 지인이 나에게는 119였던 것이다.

부모는 자식을 키우며 어릴 때나 성인이 된 이후에나 평생의 119로 자처하며 자기희생을 마다하지 않는다. 주변에는 괴로워하는 사람들이 있게 마련이다. 그럴 때 나 자신이 그대의 119로서 차분하고 다정다감하게 다가갈 때 모두가 다 행복해지지 않을까 싶다.

일상의 조그만 사건에도 모두가 119를 급히 찾듯이 오늘도 나는 주변에서 나를 사랑해 줄 119를 찾고 있으며 또한 상대방에게는 경중을 떠나 어떤 일에도 스스로 119가 되어 고통을 함께 나누는 구급대원이 되고 싶다.

많은 사람들과 한평생을 살면서 서로에게 진정으로 119가 된다는 것은 다양하고 폭넓은 삶을 영위할 수 있는 지혜가 될 것이다.

정육점 아들 친구

박근혜 대통령이 여당 원내대표를 향해 “배신의 정치”라고 직격탄을 날렸다. 그러면서 배신의 정치인은 국민이 심판해서 반드시 퇴출시켜야 한다고 강조했다. 결국 여당의 원내대표는 교체되었다. 이 뉴스를 접하면서 제일 먼저 떠오른 생각이 우리 사회에서 가장 중시하는 덕목인 의리라는 단어였다.

배신(背信)이란 말은 사전적 의미로 신의(信義)를 저버린다는 뜻이다. 또한 신의라는 말은 믿음과 의리를 의미한다. 따라서 박근혜 대통령이 크게 화가 난 것은 그동안의 인간관계를 통해서 상호간에 믿음을 주고받고 쌓았으니 사람으로서 마땅히 지켜야 할 바른 도리를 알아야 하는데 상식을 벗어나는 행동을 했기에 도저히 용서할 수 없었다는 얘기다.

비단 정치인들뿐만 아니라 직장인들도 완장을 차기 위하여 자기를 키워준 은혜를 망각하고 배신의 길을 택하는 경우를 많이 봤다. 이럴 때 사랑과 정성으로 오랫동안 도움을 준 사람은 모든 것을 허망스럽게 느끼게 된다.

우리들 마음속에는 한 번 약속을 하면 사소한 것이라도 반드시 지켜야 의리가 있다고 생각한다. 왜냐하면 약속은 존엄한 인간끼

리 한 것이기 때문이다. 그래서 약속을 지켜야만 존엄성이 유지되는 것이다. 대통령과 국회의원이 국민하게 한 약속, 이웃과 한 약속, 친구지간의 약속, 가족 간의 약속, 사업 파트너와의 약속, 모든 국민이 함께 지키기로 정한 법과의 약속, 계약서에 정한 약속 등등 모든 약속은 반드시 지켜야 본인 자신의 존엄성이 유지된다.

나는 육십을 넘게 살면서 '처음처럼', '초심', '시간 약속' 등 그때그때 지켜야 할 약속과 평생 지켜야 할 약속을 반드시 지키는 것이 인간으로서의 기본적 도리를 하는 것이며 상대방으로부터 신뢰를 받는 지름길이라고 생각했다.

사람은 망각의 동물이라 한 자리에 앉아 같은 시간에 한 약속도 한쪽은 기억하고 있는데 다른 쪽은 새까맣게 잊어버리는 경우가 있다. 그래서 중요한 약속은 서로의 기억을 남기기 위해 반드시 문서로 작성해 각자 보관해 두는 것이 필요하다. 그래야만 먼 훗날 세월이 아무리 많이 흘렀어도 오해와 갈등을 미연에 방지할 수 있다. 그러나 이 세상의 모든 약속을 문서화 하기란 쉽지 않기에

서로가 초심을 잃지 않는 것이 중요하다.

그러나 오늘날 현실은 어떠한가. 오늘 한 약속을 하루가 지나기도 전에 뒤집고 서로 공개하지 않기로 한 약속을 이해득실을 따져 본인에게 유리하다고 판단하면 공개하며 비난질까지 난무하지 않은가.

얼마 전 30년을 넘게 모신 선배님을 만났을 때 이야기다. 선배님은 조그만 이권 때문에 40년 지기지우(知己之友)로부터 배신당했을 때의 심경을 털어놓으면서 "내가 왜 이렇게 살았을까" 하는 후회와 함께 마음에 깊은 상처만 남았다고 했다. 선배님과 점심에 소주를 나누며 긴 시간을 같이하면서 나는 빨리 잊고 용서해야 선배님에게도 좋다는 말씀만 드렸는데 돌아오면서 여러 가지 생각에 잠겼다.

오래전에 들었던 말처럼 다른 사람의 주먹에 얼굴을 맞으면 그가 나를 때린 게 아니라 내 이마가 그의 주먹을 때렸다고 자위하면 마음이 좀 편안해지지 않을까.

오늘도 경로당 앞에 있는 정자에 동네 할머니들이 모여 이야기꽃을 피우고 있다. 귀청이 터질 정도로 매미들이 울고 있지만 그래도 할머니들은 좁은 동네 안에서 있었던 이런저런 얘기들을 목청을 높여 나누고 있다.

동네 슈퍼마켓에 정육점 코너가 생겼다는 소식부터 고추장을 싸게 팔아서 한 통 구입했다는 말에 왜 고추장을 집에서 담가 먹지 않느냐고 물으니 다리가 아파서 옥상에 못 올라가겠다는 얘기까지 서로가 한 마디씩 거들며 쉬지도 않고 계속 이어진다. 그런데 한 할머니께서 새로 들어선 정육점집 아들이 자기 손주와 친구라며 이제는 다른 곳에서 고기를 사면 큰 일 난단다.

할머니 말씀인즉, 손주 녀석에게 고기를 구워서 먹으라고 주니 "할머니, 이 고기 어디서 샀어? 내 친구네서 산 거야? 거기서 사오지 않았으면 나 안 먹을 거야" 하기에 싸고 맛있으면 어디서 사면 어떠냐고 했더니 안 먹겠다고 해서 그 정육점에서 사왔다고 하니까 그제야 한 점 집어 먹으면서 "참 맛있다"고 하더란다. 이렇게 우리는 어릴 적부터 의리를 배웠다.

1960년대 초, 초등학교를 다닐 때 아이스께끼를 하나 사면 옆에 있던 친구 모두가 돌려가며 빨아먹었던 추억이 새록새록 떠오른다.

당신은 행복합니까?

아침마다 길거리에서 마주치는 여인이 있다. 매일 똑같은 시간에 똑같은 복장을 하고 나와 반대방향으로 가는, 사십쯤으로 보이는 그 여인의 직업이 무척이나 궁금하지만 괜스레 이상한 사람이 될까 봐 물어볼 수는 없다. 그러면서 혼자 추리소설을 써본다. 아마도 대형병원의 간호사로 야간 근무를 마치고 가족이 기다리는 품으로 돌아가는 게 아닐까 싶다. 어떤 날은 무표정하게 걷지만 어떤 날은 무얼 생각하는지 미소를 머금고 행복하게 걷는다.

이와 반대로 그 여인도 나처럼 매일 스치고 지나가는 60대 남성인 나에 대해서 궁금할 수도 있을 것이다. 키도 크지 않고 얼굴도 미인은 아니지만 평범한 모습에서 행복하게 살아가고 있을 것이라는 느낌이 든다.

매일 아침마다 걷는데 어떤 날은 몸이 가볍게 느껴지고 어떤 날은 이상하게 몸이 무거워 발걸음이 더디다. 물론 발걸음이 가벼운 날은 기분도 훨씬 좋다. 누구나 일상 속에서 순간적으로 행복할 때도 있고 그렇지 못할 경우도 있다.

이렇듯 우리네 삶이란 플러스와 마이너스가 반복되면서 모여진 것이다. 또한 내가 보는 나와 남이 보는 나는 다를 수 있다.

받아들이는 마음에 따라 나는 내가 행복한 생활을 하고 있다고 생각하지만 상대방은 나를 불행할 것이라고 평가할 수도 있기 때문이다.

행복은 환경이 아닌 사랑하는 마음과 비례한다고 했다. 내가 나의 현실을 사랑하며 살면 그것이 행복한 것이다. 돈이 없다고 해서 꼭 불행한 것만은 아니고 아무리 돈이 많아도 행복한 것만은 아니다. 당신의 은행계좌나 지갑에 돈이 들어 있다면 지구상의 8% 부유층에 속한다는 글을 읽는 순간, 평범한 사람들도 대부분 "나도 부자네"라는 행복을 느낄 수 있다고 생각했다.

누구나 매 순간을 포기하며 살아가고 있다. 시간이 없어 빨리 가려면 아무런 정서도 깔리지 않은 무미건조한 아스팔트 포장도로를 달려야 한다. 그래서 운치가 살아 있는 오솔길 코스는 포기해야 한다.

괴테의 말처럼, 인생은 속도가 아니라 방향이라는 걸 한 번쯤은 생각해 볼 필요가 있다. 많은 사람들이 인생의 목적을 행복해지기 위한 것에 두고 살아간다. 그러나 어떻게 살아야 행복하냐고 질문을 던지면 다들 머뭇거린다. 남들이 갖고 있으니까 나도 가지면 행복한 것인가? 지금 당장은 힘들고 괴롭지만 자신만의 방향을 찾아 그 길을 가다 보면 '아 이게 행복이구나'라고 느낄 때가 있을 것이다.

50대 초반의 아주머니는 월요일부터 금요일까지 한 건물에서 청소를 한다. 늘 똑같은 체육복 차림으로 같은 장소에서 같은 일을 반복하지만 편안한 얼굴이 인상적이다. 원래 아침 8시부터 오후 5시까지 근무하도록 되어 있지만 이 아주머니는 한 시간 빠르게 출근해서 청소를 시작한다.

그 이유는 간단하다. 바쁘게 출근하는 입주업체 직원들에게 불편을 주지 않으려고 그런단다. 이해가 간다. 많은 사람들이 출근하는 시간에 청소를 하다 보면 엘리베이터가 지체될 수 있어 입주민들에게 불만이 생길 것이고, 이렇다 보면 민원이 발생하고 더 나아가 본인의 일자리를 잃을 수도 있다는 생각에 자발적으로 한 시간을 투자한다는 것이다. 이렇듯 여러 사람이 기분 좋은 하루를 시작할 수 있도록 배려하는 마음은 본인도 편안하고 현실을 감사한 마음으로 받아들이는 행복의 초석이 된다.

요즘 우리 사회는 일은 적게 하고 돈은 더 많이 받으려는 의식이 팽배하다. 그러나 이곳에서 일하는 아주머니는 옛날 사고방식으로 더 일하고 돈은 주는 대로 받겠다는 자세다.

70년대 말 지방으로 내려가서 첫 직장생활을 하던 때가 생각난다. 그때는 일요일도 없고 평일 퇴근시간 이후도 맘대로 약속 시간을 잡지 못하는 직장 분위기 속에서 회사가 부르면 개인이나 가정은 늘 뒷전일 수밖에 없었다. 그래도 늦은 퇴근 후 동료들과 막걸리 한 잔에 불콰해지며 다들 행복했었다.

7월 중순이 시작되는 무더운 여름날에 80대로 보이는 한 노인이 양복 정장에 모자를 쓰고, 파란색 망사조끼를 끼어 입고, 조그만 주황색 배낭을 걸치고, 왼손에는 선글라스를 들고, 간편한 등산화를 신고 지하철에 올랐다. 그런데 파란 조끼 왼쪽 가슴에는 마치 중 · 고등학교 시절 명찰처럼 '백세 시대'라는 글자가 또렷하게 박혀 있었다. 키는 작지만 곧은 자세의 건강하고 행복한 모습이었다. 순간 "맞다! 100세 시대!" 육십을 넘게 살았지만 아직도 40년 가까이 남았다는 생각을 하며 이제부터라도 남은 생에 대한 행복 지도가 필요함을 강하게 느꼈다.

높은 건물 신축현장을 지나면서 수많은 사람과 기계가 동원되어야 고층 빌딩이 탄생할 수 있듯이 순간순간이 모이고 하루하루가 쌓여 내 삶의 역사가 만들어짐을 생각해 보았다.

세상만사 마음먹기에 달려 있다 하여도 나 자신의 최선의 노력과 누군가의 사랑과 관심이 모여 나의 운명이 결정되듯이 누군가를 사랑하며 산다는 건 자기 자신의 인생을 확장시키고 더불어 함께하는 행복한 길로 들어서는 것이 아닌가 싶다.

매일 아침 스치고 지나가는 40대 여인, 매일 아침 청소를 하는 50대 아주머니, 지하철에서 만난 백세 시대 노인, 그리고 나 같은 사람들 모두가 자신을 사랑하고 주위를 사랑할 때 우리 모두가 꿈꾸는 행복한 삶을 이룰 수 있다.

"당신은 행복합니까?!?!…"

프랑스 소설가 오노레 드 발자크의 'I Love Myself'라는 시를 다시 읽는다.

Even if nothing changes, if I change, everything changes.
Even if no one loves me, if I love myself,
everyone will get to love me.

아무것도 변하지 않을지라도 내가 변하면 모든 것이 변합니다.
아무도 나를 사랑하지 않을지라도 내가 나를 사랑하면
모두가 나를 사랑하게 될 것입니다.

아직도 늦지 않았다. 나 자신을 위한 사랑의 그림을 그리자!

누구도 대신할 수 없는 고통

현실을 받아들이는 게 보수라고 했던가. 나이가 들어가면서 느끼는 감정이다. 하나씩 추락하는 현실에 대해 처음엔 부정하며 반항하지만 시간이 흐르면 하나씩 내려놓으며 순종하게 된다. 돈도 명예도, 건강도, 자식관계도, 인간으로서 접하게 되는 세상사에 관련된 모든 시각이 그렇다.

오늘도 조간신문에서 54세의 문화전문기자가 지병으로 별세했다는 부고 기사를 접하면서 지금까지와 다른 건강과 삶, 그리고 죽음에 대한 생각을 느끼고 있음을 스스로 알게 되었다. 30년 전 돌아가신 어머님, 천식으로 기침과 하루 종일 씨름하시면서도 힘든 내색 없이 늘 똑같이 새벽 밥상을 준비하시던 어머니. 30년이 지난 지금에서야, 아니 내가 천식이라고 종합병원에서 판정받고 나서야 그 고통을 이해하게 되었으니 얼마나 무심하고 이기주의적인 자식이었는지 뒤늦은 후회와 반성만 할 뿐이다.

살아생전에 더 관심을 갖고 효성어린 치료에 일조했어야 했건만 내 몸이 아프지 않다고 립 서비스로만 걱정했던 껍데기 같은 자식들이 아니었던가. 파노라마처럼 지나간 천식 고통 중 절실하게 느꼈던 또 하나의 진실은 어느 누구도 나의 아픔을 대신해 줄 수 없는 게 건강관리라는 걸 알게 되었다. 그리고 순간순간 머릿속으로 날아 들어오는 생각 중에는 돈도, 명예도 죽음 앞에서는 모두가 허당이라는 걸 터득하면서 하루 밥 세끼 먹고 혼자 걸어다닐 수 있는 체력이라면 더 이상의 욕심은 아직도 성숙하지 못한 삶의 단계에 머물러 있다고 생각하게 되었다.

이제 마라톤이 끝나는 줄 알았는데 점차 회복과정을 거치면서 인생의 마라톤이 그렇게 쉽게 끝나는 게 아니라는 걸 처음으로 경험했고 배웠다. 그리고 또 다른 마라톤의 시작이 나를 기다리고 있음을 깨닫게 되었다. 밤새도록 쿵쿵 울리는 기침에 잠을 한숨도 못 이루고 허리와 갈비뼈까지 통증이 느껴질 때 집사람이 119를 부르자고 했을 정도로 너무 고통스러워 지금 죽어도 우리 어머니 나이만큼은 살았으니 삶에 더 이상의 미련을 갖는 것은 욕심이라는 생각이 순간적으로 왔다 갔다 했다. 따지고 보면 지나온 세월 모두가 쓸데없는 욕심으로 넘쳤고 그러다 보니 정말 소중한 가치를 잃고 살아왔던 것 같다. 바다 위에서 갑자기 만난 폭풍우에 삶과 죽음이 교차하는 이상한 공포감? 느낌? 좌우지간 이런 느낌이 내 머릿속을 순간순간 가득 채웠다.

8월 한 달, 천식과 싸우면서 얻은 게 많다. 건강은 결코 두 번째일 수 없다는 것과 남의 고통도 적극적으로 염려해 주는 사랑이 필요하다는 사실을.

어머님 시절엔 종합병원은커녕 동네 의원도 가뭄에 콩 나듯 찾기가 어려웠지만 요즘 우리가 사는 세상은 빌딩마다 내과, 피부과, 이비인후과, 한의원, 치과, 성형외과가 넘쳐난다. 또한 건강

보험제도로 요즘 환자들은 이곳저곳 병의원을 투어하듯이 소문 따라 찾아다닌다. 그러니 30년 전 평균수명과 지금과는 의료 환경이나 경제 상황을 견주어 봐도 최소 15년 이상은 차이가 나지 않을까 싶다.

그러니 이제부터라도 제2의 건강 마라톤을 하면서 남은 생을 고통 없이 건강하게 살다가 9988234 해야겠다는 의지를 굳게 다져본다.

인연의 문

식목일이다. 일요일 아침인데 봄비가 조용히 내리고 있다. 편안하게 늦잠을 즐기기 좋은 시간이다. 폐지와 공병, 플라스틱 용기, 각종 쇳조각 등을 구분하지 않고 줍는다. 아침이고 낮이고 시간제한도 없이 리어카를 밀고 온 동네를 누비는 육십 중반의 할머니는 호구지책으로 매일매일 이렇게 일을 하시는 것 같다.

아직까지 말 한마디 건네지 않았지만 할머니의 생활하는 모습을 머릿속으로 그려낼 수 있는 건 거의 매일 스트레칭 운동을 하러 가는 조그만 공원이 거기 있기 때문이다. 이렇게 해서 할머니와의 인연이 시작되었고 오늘도 유심히 보게 된다. 앞으로 관계가 어떻게 더 맺어질지는 모르겠지만 매일 만나는 분이라서 내 일상의 관심거리로 자리매김하였다. 아마도 인연은 이런 식으로 만들어지고 전개되는 것이라 생각해 본다.

젊은 남녀가 인연이 되어 결혼을 한다. 그리고 자식이라는 새로운 인연을 만든다. 부부가 된 인연으로 또 다른 인연을 만든 것이다. 그 아이는 부모 밑에서 자라면서 학교에 간다. 아이가 학교에 가면서 아이 덕분에 선생님과 아이의 친구 엄마를 만나게 되는 인연이 생긴다.

이 아이가 결혼을 하면서 사위든 며느리든 또 다른 인연이 맺어지며 안사돈과 바깥사돈까지 인연의 폭은 넓어진다. 인연은 문과 같아서 열고 들어가면 새로운 인연을 만날 수 있고 이것이 계속되어 문을 열 때마다 인생의 반경이 넓어지게 된다. 이렇게 만들어진 인연을 어떤 사람은 죽을 때까지 이어지고 어떤 사람과는 어느 순간에 절벽을 쌓기도 한다. 일체유심조(一切唯心造)라고 세상사는 마음먹기에 달려 있기에 한 번 맺은 인연을 어떻게 관리하는가는 본인의 생각과 행동에 따라 깊고 넓게 그리고 계속 이어질 수도 있고 어느 순간 절벽이 되어 끊길 수도 있다.

그래도 기다리는 수동적 인연보다는 마음의 문을 열고 먼저 다가가는 인연이 삶의 폭을 더 넓힐 수 있으며, 나눔의 인연으로 맺어진 게 더욱 아름답게 승화될 것이며 원망보다는 감사하는 마음으로, 변덕스러움보다는 한결같은 마음으로, 부끄러움보다는 떳떳한 마음으로 다가갈 때 우리 삶 속의 인연은 더욱 행복한 추억으로 자리하게 될 것이다.

육십 넘게 살아보니 수많은 인연이 이어지면서 슬픔과 기쁨과 감동과 눈물과 고마움과 행운과 불행 등 만감을 느낄 수 있었고 늘 새로움과 배움을 얻었다고 생각한다. 쉬운 예로 애지중지 키운 자식이 웬수가 되어 부모님 가슴에 못을 박기도 하고 잘해 주지도 못한 자식이 성장하여 든든한 보호자가 되어주기도 한다. 그러나 저러나 모든 건 나와의 인연으로 시작된 것이기에 뭐라고 한 마디로 평가하기 쉽지 않은 게 우리들의 운명이다. 좋은 인연으로 만나 결혼도 하고 자식도 낳고 잘 살다가도 하루아침에 남보다도 못한 웬수가 되어 갈라서는 일을 목격하면서 사는 게 뭔지 다시 생각하게 된다.

겨우내 잠자고 있던 싹이 거친 나무껍질을 뚫고 얼굴을 내민다. 움이 트고 잎이 나고 봉오리를 맺고 꽃잎으로 피어나기까지 새싹은 치열하게 몸부림쳤을 것이다.

한 번 맺은 인연이 원하는 곳까지 도달하기 위해서는 수많은 몸짓을 하며 넘어지고 다치고 때로는 부러지며 한 걸음 한 걸음 나아가야 하듯이 서로가 서로를 사랑하는 마음으로 품어줄 때 비로소 가치 있고 아름다운 관계가 만들어질 것이다.

인연의 문은 절대 스스로 열리지 않는다. 누군가가 열어야 한다. 그리고 인연이라는 나무는 누군가가 정성스레 가꿀 때 시나브로 성장하게 된다.

한 번 맺었다고 그대로 방치해서는 하나의 작품으로 탄생하지 못한다.

부모 자식 간의 인연이 죽을 때까지 아름답게 이어지기 위해서는 어떻게 해야 할지에 대한 해답이다. 마찬가지로 인연은 형제지간에도 친구 간에도 동료 간에도 사제지간에도 선후배 간에도 내가 어떤 마음으로 대하고 관리하느냐에 따라 달라지리라. 언젠가는 용기를 내어 폐지를 줍는 할머니와 차 한 잔 나누며 지금까지 걸어오신 길을 듣고 싶다.

할머니가 가끔씩 담벼락에 붙어 앉아 담배를 피우실 때 날려 보내는 연기와 함께 할머니의 깊은 시름도 영원한 작별을!

인생은 메아리

2006년 4월부터 매주 첫 번째 토요일이면 만나는 모임이 있다. 산이 좋아 결성된 것이 아니라 매월 만나기 위한 수단으로 등산을 택한 것이다.

이번 달 제114차 산행을 하면서 처음처럼 회원들과의 지나온 발자취를 돌아보게 되었다. 내가 초대 회장으로서 지금까지 그 역할을 수행하고 있지만 내세울 건 두 가지였다. 한 번도 모임을 거른 적이 없다는 것과 회장인 내가 한 번도 빠진 적이 없었다는 사실이다. 회원들은 이구동성으로 이것만으로도 그 가치는 높이 평가될 수 있다고 말한다.

그 역사의 배경에는 운영자로서 내가 빠지면 절대 안 된다는 의식과 둘만 모여도 눈이 오나 비가 오나 등산을 꼭 한다는 문화가 바탕을 이루고 있었다. 그리고 흥미로운 건 절대로 참석을 강요하지 않는다는 것과 흔히들 얘기하는 거창한 회칙이란 것 없이 그저 자율적으로 움직인다는 것이다.

자발적인 참여와 자유로운 운영에 이제까지 탈퇴하는 사람이 하나도 없었는지는 모르겠지만 그저 만나면 좋은 그런 모임이 되었다. 누굴 탓하지도 흉보지도 않는, 또한 강제하지도 않는 그런 모임 말이다. 우리 모임에 있어서 회원들은 모두가 소중한 빛이요 즐거움이요 추억의 언덕이다.

대학시절에 어느 교수님으로부터 들은 이야기가 생각난다.

“운동은 자기가 좋아서 하는 것이고 노동은 할 수 없이 하는 일이다.”

그렇다. 모임은 자발적으로 참여하는 것이고 직장 조직은 일을 하기 위해서 강제로 만든 것이다. 운동과 노동, 모임과 직장은 출발부터가 그 목적과 개념이 다르다. 누가 시키지 않아도 스스로 알아서 일하는 사람이 많은 집단을 일류 조직이라고 한다. 그리고 시킨 일만 겨우 수동적으로 해내는 집단은 이류라 하고 시킨 일도 제대로 해내지 못하는 집단을 삼류 조직이라고 부른다. 결국 조직 구성원의 의식과 분위기에 따라 등급이 매겨진다. 직장 내에서도 운동처럼 일을 스스로 찾아서 하며 즐기는 부류가 있는가 하면 마지못해 하는 부류도 있다. 각자 마음먹기에 따라 일류도 되고 삼류도 된다. 또한 직장 분위기에 따라 많은 영향을 받는다.

지금으로부터 36년 전인 1979년에 직장이라는 곳에 발을 내디딘 후 지금까지 나는 어떤 자세로 살아왔을까 뒤돌아보니 항상 명품을 만들려고 최선을 다했고 내가 주인이라는 생각을 늘 잊지 않았던 것 같다. 나름대로 운이 좋아 훌륭한 상사를 만나 완벽한 업무 처리를 강요받은 것이 지금의 나를 만들었다고 생각한다. 스트레스를 많이 받아 머리카락도 빠지고 자주 있던 술좌석도 빠지지 않아 그것이 약이 되어 ‘틀림없는 사람(?)’으로 자리매김하게 되었는지도 모르겠다.

지금 와서 돌이켜보면 힘들게 일을 배우면서 정신적 고통도 컸으나 그런 반면, 성취감도 많이 느꼈고 어떤 자세로 사회생활을 해야 하는가에 대해서 기초를 튼튼하게 다졌다고 볼 수 있다.

이러한 성장 과정을 통해서 사십 대에 사업을 하면서도 업무를 수행하는 데 큰 애로는 느끼지 않았던 것 같다. 오십에 들어서면서부터 이러한 경험과 정신적 자세를 후배들에게 전수할 때마다 보람도 맛보게 되었다. 세월이 흘러 내 자식들이 사회에 진출하게 되면서 역전의 용사로서 사랑의 멘토가 되었다.

오랜 기간 사회생활에서 얻은 소중한 경험을 가정교육에도 활용할 수 있다는 사실도 알게 되었다. 그래서 "자식은 부모의 등을 보며 자란다"는 옛날 어른들의 말씀도 이해하게 되었다. 모든 게 주위 사람들을 잘 만나서 이루어진 결과다. 늘 감사하게 생각하고 있다. 이젠 내가 주위 사람들에게 기쁨을 나누어줄 차례다. 그래서 앞장서야 한다.

"내가 가는 곳엔 웃음이 넘쳐흘러야 한다. 그곳엔 소중한 자산들이 늘 만들어지기 때문이다. 나는 제조자이자 공급자로서 나도 행복하고 남도 행복해야 한다"는 자세로 많은 사람과 만나 웃고 즐기며 나와 다른 모습을 배우며 살아갈 것이다.

행복도 훈련을 통해 강화되고 늘어난다고 했다. 나는 행복도 전염된다고 믿고 있다. 그래서 내가 행복하면 옆 사람에게도 학습효과가 있다고 생각한다. 만나면 즐겁고 껄껄껄 웃다가 보면 행복이 모든 사람에게 자연스레 전달된다고 본다.

또한, 상대방의 장점만 보려는 자세가 아름다운 동행으로 이어질 수 있다. 그리고 그런 자세가 나 자신을 더욱 행복하게 만든다. 동행하는 사람이 많아야 내가 존재할 의미가 많아진다. 혼자 행복하기보다는 내 주변의 많은 사람들이 행복할 때 나도 진정으로 행복한 것이다.

삶의 만족도는 다른 사람들과의 관계에 달려 있다고 한다. 사람 인(人) 자가 두 획으로 구성된 이유는 혼자가 아니라 둘일 때 진정한 사회적 동물이 된다고 생각하기 때문일 것이다. 가족이란 한 지붕 밑에서 돼지처럼 피부를 맞대고 삶을 같이하는 사람이다. 친구란 글자 그대로 옛것들과 친한 관계의 사람이다. 동료란 같은 일자리에서 정해진 목표를 달성하기 위해 모인 사람이다.

가족, 친구, 동료는 얼굴을 자주 보는 사람들이다. 마음이 통하지 않는 만남은 우리의 삶을 슬프게 한다. 만나면 반가워야 진정한 가족이고 진정한 친구이며 진정한 동료다.

보고 싶은 얼굴이 많다는 건 다양하고 폭넓은 삶을 영위하고 있다는 증거이기도 한다. 한평생을 살면서 피하고 싶은 사람보다 만나고 싶은 사람이 많아야 사는 게 재미있고 신이 난다.

상대방을 어떻게 대하느냐에 따라 사랑이 깊어지고 정이 깃들며 인간관계가 강화되는 법이다. 나의 마음과 시간을 투자하는 양에 비례해서 상대방과의 관계가 돈독해지거나 소홀해진다. 내가 좀 더 적극적으로 나설 때 상대방도 가슴을 연다.

대통령 비서실장과 국방장관을 역임했던 미국의 도널드 럼즈펠드는 "모든 사람을 만족시키려 해도 누군가는 불만을 가질 것이다"라고 했다. 이렇듯 세상에 완벽한 인간관계란 존재하지 않는다.

다만 최선을 다해서 노력하고 투자할 때 거기에 상응하는 결과를 기대할 뿐이다. 다만 나 아니면 안 된다는 생각, 내 말만 옳다는 생각, 모두가 만족해야 한다는 강박관념, 비난이 무서워 변화를 피하려는 태도는 지양해야 한다. 상대방의 생각이 틀린 게 아니라 나와 다를 수 있다는 걸 수용할 때 인간은 사회적 동물로 성장할 것이다. 이러한 생각은 가족 내부에서도, 친구들과의 만남에서도, 회사 조직 내에서도, 여러 종류의 모임에서도 필요한 덕목이다.

생각이 행동을 만든다고 한다. 마음먹기에 따라 어떤 행동도 할 수 있다. 내가 어떤 생각을 갖고 행동하느냐에 따라 나 자신과 주변 사람들을 만들어갈 수 있다. 내가 행복하다고 생각하고 긍정적일 때 많은 사람들이 따르게 된다. 그리고 재미있는 사람에게 많은 친구가 모여들고 환자보다는 건강한 사람을 좋아하게 되며 남을 돕는 사람을 존경하게 된다.

남을 돕는다는 건 결국 나를 돕는 것이다. 상대방을 돕는다는 건 무척이나 보람된 일이며 나를 행복하게 만드는 것이다.

나에게 도움을 청하는 사람이 많다는 건 내가 그만큼 가치 있는 삶을 잘 살아왔다는 증표이기도 하다.

남에게 화를 내는 건 결국은 나에게 화를 내는 것이다. 친구 녀석 중 운전대만 잡으면 유난히 욕을 잘하는 놈이 있다. 옆에 가던 차량이 갑자기 끼어들면 바로 욕이 튀어나온다. 그러나 상대방 차량의 운전자는 욕설이 들리지 않는다. 이 차나 저 차나 다 문을 닫고 운전하기 때문이다. 결국 동승한 친구들만 그 욕을 듣게 된다. 그리고 욕설을 퍼부은 친구만 혈압이 오른다. 본인만 손해다. 자기가 자기에게 욕을 한 거나 다름없다.

생각은 행동을 불러일으키는 전기적 신호라고 한다. 부정적인 생각과 사랑의 행동이 부족한 건 좋은 생각들로 내면을 채우지 못했기 때문이다. 우리의 삶이란 내가 어떻게 대응하느냐에 따라 결정되는 역사다. 그래서 세상살이는 내 마음의 평화를 찾는 쪽으로 매 순간을 결정해야 한다. 높은 등성이는 에돌아가고 먼 길일수록 천천히 가면서 본인 스스로 동의할 수 있는 진정한 행복을 맛보며, 어떤 교감이라도 함께 나눌 수 있는 사람이 꼭 있어야 한다. 슬픈 일이든 기쁜 일이든 같이할 수 있는 동행이 필요한 것이다.

그래서 인생은 내 마음이 상대방에게 부딪혀 되울려 오는 메아리!

말의 힘

"자만심을 누르는 것과 분노를 이기는 것 그리고 말을 아낄 줄 아는 것과 원로들의 조언을 소홀히 하지 않는 것" 이 네 가지가 몽골제국을 건설한 칭기즈 칸이 큰 아들에게 가르친 덕목이란다.

사람들은 형편이 좀 좋아지면 올챙이 시절을 망각하기 십상이다. 말을 할 때도 언제 그랬었냐는 식으로 주위 사람들의 의견을 무시하고 자신의 잘못된 행동을 이해하려 하지 않는다. 자존심이 자만심으로 변질되어 버리는 것이다.

이런 형상이 나타나면 가까운 사람들은 "저 사람, 많이 변했어. 예전에는 안 그랬는데 말이야" 하면서 고개를 좌우로 젓는다. 많은 사람들이 자리가 높아지고 돈을 벌게 되면 의식과 행동이 자기도 모르게 바뀐다고 하지만 초심을 기억하려고 노력하는 사람들은 이런 인생의 실수가 적고 결코 자만하지 않는다.

주변에 다혈질의 성격을 가진 사람들이 눈에 많이 띈다. 이 사람들의 특징은 쉽게 흥분하고 갑론을박 과정에서도 싸움하려는 듯 말을 내뱉으며 화가 나면 잘 참지 못하는 경향이 있다. 옆에 있다가 이런 경험을 한 사람들은 그 다음부터는 아예 그 사람과 시빗거리가 될 만한 화제는 꺼내지 않게 된다. 설사 상대방이 화두를 던지더라도 그때의 경험을 기억하고 있기에 본심을 드러내지 않으며 자제하기 마련이다. 그래서 신선한 대화 분위기로 성숙되지 못하고 미지근하게 끝나버리게 된다.

누구나 살면서 화가 날 때가 있다. 그러나 사람마다 화를 참는 정도가 다르다. 물론 화를 자주 참으면 병이 된다고 한다. 부부지간이나 부모 자식, 친구지간이나 직장 상하지간이든 화를 먼저 낸 사람이 나중에 보면 실수를 했다고 자인하는 경우가 많다. 따라서 분노를 어떻게 이기느냐에 따라 다른 인물로 평가받게 된다.

말 한마디에 천 냥 빚도 갚는다는 옛말이 있듯이 말을 잘하면 득도 많지만 말을 잘못하면 큰 낭패를 보게 된다. 따라서 사회 지도자급이나 조직의 리더는 말을 아낄 줄 알아야 실수를 줄일 수 있다. 말을 많이 하는 사람일수록 신뢰성이 의심된다. 왜냐하면 비즈니스를 할 때 말이 많은 사람은 왠지 다른 부문에 결격사항이 있어 그것을 감추려고 달콤한 말로 때우려고 한다는 생각이 들기 때문이다.

엄마가 아이들에게 잔소리꾼으로 대접받는 이유는 일상생활 속에서 끊임없이 참견하고 과잉보호하려는 모성애 때문이다. 그러나 아빠는 아이들과 대화를 나눌 시간적 여유가 상대적으로 적기 때문에 가끔 한마디씩 하는 것으로 느껴져 굵은 소리, 아니 무거운 소리로 들린다. 물론 요즘 사회는 아빠도 자상한 얘기동무가 되라고 권장하고 있지만….

그리고 모든 고민을 혼자 해결하려는 사람도 많다. 내가 아닌 남이 나처럼 걱정하거나 상황을 상세하게 알지도 못하니까 어차피 내가 모든 걸 풀어가야 한다고 생각하고 남에게 조언을 구하려 하지 않기 때문이다. 흑백의 게임인 바둑을 두어 보면 게임 당사자 눈에는 보이지 않는 약점이나 해결 대책이 옆에서 구경하는 훈수꾼에게는 잘 보인다. 이와 같이 나의 고민을 주변 사람에게 드러내놓고 답을 구해 보면 의외로 쉽게 그 해결 방법을 찾을 수 있다.

나는 고민이 생기면 선배들이나 친구들, 더 나아가 후배들에게까지 자문을 구하는 습관이 있다. 그들의 시각으로 새로운 각도를 조명해 보곤 하는데 주변 사람들이 나보다는 직·간접적 경험을 더 많이 갖고 있을 수도 있기 때문이다. 요즘 방송에 뜨는 사람들 중에는 말을 재미있게 해서 청중을 사로잡는 소위 수다꾼이 많다. 이들의 공통점은 얼굴이 잘생겨서가 아니라 자기의 일상을 상대방이 쉽게 이해할 수 있도록 표현하는 기술이 뛰어나다는 점이다. 그러면서 그 좌석의 분위기를 잘 파악해서 흥을 돋우는 윤활유 역할을 해낸다. 그러나 이와 반대로 엉뚱한 반응으로 여러 사람을 웃기며 시선을 받는 사람도 있다.

학생을 가르치는 선생님 중에는 본인은 많이 알면서도 전달을 잘 못해서 인기가 없는 분도 있다. 그러나 내용은 별로인데 열강을 통해서 인기를 구가하는 선생님도 많다. 이것이 말의 영향력인 것이다. 같은 내용의 말도 누가 하느냐에 따라 반응이 다르고 어떤 분위기 속에서 했느냐에 따라 받아들이는 강도가 다르다. “어” 다르고 “아” 다르다고 약간만 다른 단어를 구사해도 상대방이 받는 느낌은 아주 큰 차이를 보이게 된다.

말은 입에서 나가는 순간 주워 담을 수 없기에 어려운 것이다. 무심코 뱉은 말 한 마디가 상대방에게 큰 상처를 줄 수 있고 반대로 성장하는 젊은 학생들에게 미래의 큰 꿈과 용기를 줄 수도 있다.

얼마 전에 국내 굴지의 기업에서 야간 강의를 한 적이 있다. 저녁 6시에 나를 특별 강사로 초빙한 S대의 김 교수와 성 교수를 안양에서 만나 수원에 있는 기업체의 강의실로 동행했다. 초행길이고 퇴근시간이라 강의시간에 늦지 않기 위해 함께 가자고 내가 제안했다. 강의실에는 20대 후반부터 50대 초반까지의 그 회사 소속 직원들이 퇴근하여 4년제 과정의 야간대학인 이곳에서 기다리고 있었다. 40대 초반의 과대표로 보이는 근로학생이 김밥과 음료수 그리고 군것질할 과자를 참석자 모두에게 나누어주며 수업 시작을 준비하였다. 강의실은 국제 회의실 같은 구조로 되어 있어 아주 편하다는 인상을 받았다.

김 교수의 간단한 강사 이력 소개에 이어 나는 윗도리를 벗고 주재석에 앉아 '자기경영'이란 주제로 강의를 하였다. 학창시절에 공부할 시기를 놓치고 직장에 들어와 만학을 하게 된 학생들에게 9대 1의 경청의 법칙과 웃음의 효과, 유머의 힘 그리고 조직 내에서의 상하좌우 인간관계 기법 등 평소에 가지고 있던 지론을 소개하면서 '말과 신뢰성'에 대해 특히 강조했다. 부모는 자식에게 약속을 했다면 반드시 지켜야 자식이 부모의 말을 신뢰하고 따르게 되며, 상사가 부하직원에게 무슨 약속을 어느 술좌석에서 했더라도 100% 이행해야만 조직관리가 된다. 결론적으로 이야기하자면 말을 했으면 반드시 지켜야 한다고 역설하였다.

요즘 정치인들은 그때그때를 모면하기 위해서 또는 표를 얻으려고 무모한 약속을 남발한 후 자기가 한 말에 대해 책임을 지지 않기 때문에 국민들이 신뢰하지 않는다.

나는 몇 시에 어디서 만나기로 약속한 사람이 늦게 나오는 습성을 보이면 절대로 그 사람과는 중요한 일을 같이 해서는 안 되겠다고 평가해 버린다. 왜냐하면 본인이 했던 말을 사소한 부분에서도 못 지키는 사람과 비즈니스를 한다면 결과는 뻔하게 예측되기 때문이다. 그래서 함부로 말을 해서는 안 되며 일단 말을 한 것은 어떠한 손해가 있더라도 지켜야만 나중에 더 큰 일을 함께할 수 있다는 신뢰를 상대방에게 심어줄 수 있다.

명절이나 제사 때 큰집에 가서 조카들에게 말을 아끼는 이유는 집안의 어른으로서 잔소리꾼으로 비쳐질까 염려되기도 하지만 일방적으로 많은 말을 길게 하면 할 수 없이 듣기만 하는 조카들이 '나이 드신 어른들은 말이 많아!'라는 인식을 갖게 되고 결국은 대면을 기피하는 현상이 생길까 우려되기 때문이다. 왜냐하면 내가 그 녀석들 나이에도 그렇게 느꼈으니까. 누구나 돈 안 들이고 쉽게 말을 할 수 있는 입이 하나만 달려 있는 것은 조물주께서 다 심사숙고한 결과라고 생각한다.

-제2집 『하나아 두우울 하며 살자』에서

상선약수

여러 종류의 술집이 몰려 있는 어느 빌딩의 3층. 대부분의 음식점이나 술집이 실내금연으로 끽연자들은 화장실로 내몰리기 마련이다. 많은 사람들이 함께 쓰기에 담배연기는 자욱하고 소변기에서는 지린내가 심하게 난다. 어느 청년이 술을 먹다 화가 나서 주먹질을 했는지 벽에 붙은 하얀 타일이 깨져 있다.

그 속을 들여다보니 구멍이 숭숭 나 있다. 아마도 미장질을 할 때 시멘트를 꽉 채우지 않고 타일을 붙인 모양이다. 시공업체는 이윤을 최대로 남기기 위해 최저가 견적을 낸 하청업체를 선정했을 것이고 하청업체는 또 원가를 낮추려고 빨리빨리 대충대충 끝내는 식으로 작업했을 게 뻔하다.

중고등학교 시절, 중간고사를 준비하면서 하루하루 미루다가 결국은 발등에 불이 떨어져 전날 밤에 두세 과목을 한꺼번에 대충 훑기 식으로 공부하느라 잠도 못 자고 시험은 개판으로 치르고 후회했던 추억이 떠오른다.

주로 지방백화점에 납품하는 중소의류 제조업체에 다니던 사람이 우리 모임의 멤버로 있을 때의 일이다. 극심한 불황으로 재고가 쌓이자 회사 사장이 극단적 처방을 내놓았는데 전 직원에게 재

고품을 팔아야 봉급을 준다고 해서 그 멤버를 돕고자 모임의 몇 사람이 그 회사를 방문해서 경비실 옆에 위치한 직매장으로 양복을 구입하러 간 적이 있다. 생각했던 것보다 훨씬 싸 모두가 양복 한두 벌에 바지를 추가해서 구입하게 되었다.

집에 가서 싸게 샀다고 자랑을 늘어놓고 한참동안 잘 입고 다녔다. 그런데 문제는 세탁소에서 드라이클리닝을 한 후에 발생했다. 처음에는 몰랐는데 세탁 후에 다시 입어보니 안감이 따로 놀아 소매 겉보다 안감이 더 길게 늘어져 수선을 하지 않고는 입고 다닐 수가 없었다. 마누라는 그거 보라며 싼 게 비지떡인 줄도 모르고 무턱대고 샀다며 세상 물정을 저렇게 모르니 앞으로는 절대 혼자 가서 옷을 사지 말라고 호통을 쳤다.

상선약수(上善若水)라고 세상은 물처럼 사는 게 최고라는 말이 생각난다. 물은 아래로 흐를 때 아주 작은 구덩이가 있어도 그것을 완전하게 채우면서 흘러간다. 건물을 지을 때도, 공부를 할 때도, 옷을 만들 때도 마찬가지다. 조그마한 부분을 간과하면 결국은 일류가 못 되고 처진다.

60년 세월을 뒤돌아보면서 아쉬움도 많고 후회도 많은 건 작은 구덩이를 꼭꼭 채우지 못하고 앞만 보고 달렸기 때문이다. 그래서 요즘엔 고상한 인생의 오후가 뭔지를 자꾸 생각해 보며 하루하루를 경영하려 노력하고 있다. 그러나 지금 이 순간에도 시간은 흘러가고 있다.

흘려보낸 모든 순간이 다 꽃봉오리였고 오늘이 나의 꽃봉오리라고 생각하며 사는 게 필요한 시점이다. 돌이켜보면 시간이라는 소중한 자산을 물 쓰듯 쉽게 쉽게 낭비했다.

물의 깊은 뜻을 한 번쯤 헤아려 보지도 않고 많은 것만 추구하고 빠른 것만 지향하고 앞으로만 달려갔다. 우리 사회 전반적으로나 나 자신에게나 조그만 구석을 무시하며 살아온 게 부실의 시작이었고 이런 의식들이 쌓여 부실 덩어리의 역사를 만들고 말았다.

마치 세월호 참사처럼!

행복의 관리

아리스토텔레스는 “행복은 인간이 추구하는 가장 긍정적인 목표”라고 했다.

영국 BBC에서 출간했던 ‘행복’이라는 책자에는 행복헌장 십계명으로,

운동하기

좋았던 일 떠올리기

대화하기

식물 가꾸기

TV시청 시간 반으로 줄이기

낯선 사람에게 미소 짓기

친구에게 전화하기

유쾌하게 웃기

자신에게 선물하기

친절 베풀기

열 가지 항목을 꼽았다. 모두 좋은 얘기다.

우리가 볼 때는 아주 우아하고 존경받는 직업을 갖고 있음에도 행복을 느끼지 못하는 사람들이 있다. 전직 판사였던 변호사에게

한 기자가 물었다. 판사로 일할 때 가장 힘들었던 점이 무엇이었나. 누군가의 원망을 사는 판결을 내리는 게 고통스러웠단다. 양측의 엇갈리는 공방을 듣고 냉철히 판단한 후 판결을 내렸더라도 반드시 한쪽은 만족하지 못할 수밖에 없기 때문이란다.

인간과 인간이 만나면 어떤 경우에라도 갈등이 일어난다. 적든 크든, 내용이 무엇이든, 사소한 오해든 심각한 부정이든, 형제간에도 동업자 간에도. 처음 만났을 때는 서로 의기투합해서 잘해 보자고 다짐했건만 시간이 흐르면서 시각이 달라지고 틈이 생기면서 상대방이 배반했거나 잘못의 원인을 제공했다며 다툼이 벌어진다.

이것이 비화되면서 연인들은 결별을 선언하고 부부는 이혼소송을 제기하고 동업자는 상대방을 형사고발까지 하기에 이른다. 인간관계에서 발생하는 갈등은 스트레스를 유발하고 더 나아가 신체적으로 고통을 수반하기도 한다.

은퇴 후 걱정하는 것 중에 하나를 뽑으라면 대부분 경제력을 말한다. 그런데 은퇴설계 전문가들은 노후의 행복이 통장 잔액과 꼭 비례하는 것은 아니라고 이구동성으로 말한다. 50대 이후의 자살률을 보면 은퇴자에 대한 경제적 지원이나 사회적 안전망이 잘 갖춰진 일본이 한국이나 중국보다 높다고 한다. 왜 그럴까? 일본 노인들은 잘 움직이지 않고 TV 앞에 앉아 보내는 시간이 많아서 그렇단다. 커튼을 내린 채 은둔적인 외톨이로 집안에만 머무르기 때문이다. 우리나라 노인들은 공원을 찾아 삼삼오오 모여서 얘기를 나누고, 만 65세 이상이면 무료로 지하철을 타고 이곳저곳을 다니고, 취미생활을 배우기 위해 동사무소 자치 프로그램에 참여하여 또 다른 이웃을 만들며 다양한 인간관계 네트워크를 통해서 무료한 삶의 시간을 이기지 못하여 고통스럽게 사는 노인이 되지 않으려 노력한다. 그러므로 취미활동, 인연관리, 사회적 봉사 등 하루하루 재미나게 살아가려는 자신만의 노후 인프라를 구축하는 데 미리미리 투자해야 한다.

나에게는 '3비'라는 인간관계 철칙이 있다.

첫째로 상대방에게 비아냥거리지 말라는 것이다.

상대방이 촌스럽고 우습게 느껴져도 정중하게 예의를 갖추고 대화를 나눌 때도 9대 1의 법칙으로 상대방의 말을 경청하며 나는 그저 추임새만 넣는다는 느낌으로 이야기를 하다 보면 상대방은 나로부터 존경을 받는다고 생각하며 더 진솔한 얘기를 꺼내게 되고 이것이 발전해서 서로에게 신뢰가 쌓이며 더 가까워진다.

둘째로 상대방과 비교하지 말라는 것이다.

남과 비교하는 순간 나의 불행은 드리워지기 시작한다.

마지막으로 상대방을 비하하

지 말라는 것이다.

남을 깎아내리고 흉보고 욕하는 말은 발 없는 말이 천리를 가는 것으로 부메랑이 되어 결국 나에게 반드시 되돌아온다. 칭찬도 부족하다. 칭찬은 못할망정 깎아내리지는 마라. 또한 자기 자신을 지나치게 비하하는 것도 바람직하지 않다.

사람을 만난다는 건 양면성이 있다. 만난 사람과 답답함을 풀고 위안을 주고받을 수 있지만 어떤 경우엔 가면을 쓰고 연기하는 모습을 본인과 상대방이 느낄 수도 있다. 후자의 경우엔 만남이 피곤함으로 남는다. 그러나 대부분의 사람들은 사회적 관계 유지라는 명분하에 여러 계층의 다양한 사람들을 많이 만나야 외롭지 않다고 생각한다. 누구나 경험했을 테지만 어떤 사람은 매일 만나다시피 해도 할 말이 많고 즐거운데 어떤 사람은 어쩌다 한 번씩 봐도 그 시간이 지루하다. 이유가 무엇일까? 여러 부류의 사람과 친교를 맺는 사람은 화젯거리 또한 다양해 재미가 넘친다. 그러나 조용하게 사는 사람은 이야기 주제가 매번 똑같은 밥상이라 만나는 맛이 떨어진다.

주변에 우울증 환자가 늘어나고 있다. 우울증은 근심 걱정으로 마음이 답답하고 어둡다고 한다. 그래서 누구와도 만나고 싶지 않고 외출도 싫고 누군가와 이야기하는 게 고통스럽단다. 그리고 움직이는 게 싫어 집에만 있고 하루 종일 잔다고 한다. 참으로 무서운 병이다.

서두에 소개했던 행복헌장 십계명이 무척이나 중요하다는 것을 다시 한 번 느낀다.

기다리는 마음

소공원 한가운데 있는 정자에 남학생이 앉아서 담배를 피우다가 옆에 있는 봉투에서 뭔가를 꺼내 먹는다. 누웠다가 일어났다가 앉았다가 잠시 공원 밖을 한 바퀴 돈다. 이윽고 기다리던 여학생을 만나 다시 공원 안으로 들어와 정자에 나란히 앉는다. 여학생은 앉자마자 안경을 벗고 얼굴에 로션을 바르고 핸드폰을 쳐다보며 립스틱을 바른다. 그리고 대화를 나누며 안경을 닦는다. 길 건너편에 있는 가위소리라는 미장원 셔터 앞에는 조금 전 미장원 주인에게 “언니 문 안 열었네”라고 전화했던 40대 아주머니가 기다리고 있다. 한 5분쯤 지나니 주인이 헐레벌떡 뛰어와 셔터를 올리며 함께 들어간다.

한 사람은 오후 2시에 있을 미팅을 생각하며 공원 그네에 앉아 몇 시간 후를 그리고 있다. 아까 그 여학생은 남학생이 먹던 햄버거처럼 보이는 걸 아침으로 먹고 있는 모양이다. 은박지로 포장된 음식을 여학생이 남학생한테 더 먹으라고 종용하니까 포장을 벗기고 다정하게 얼굴을 마주 보며 함께 먹는다.

기다림은 지루하다는 느낌을 준다. 그러나 기다림 끝에 만남은 한층 부푼 기쁨을 주어 모두의 얼굴을 환하게 만든다. 그래서 사람들은 늘 기다린다. 기다림의 중독 속에서 살아간다. 월급날을 기다리고 생일을 손꼽으며 생애 첫 아파트 입주도 즐겁게 기다린다. 기다림은 늘 새로움을 이어준다. 겨울엔 봄을 기다리고 봄엔 여름을 기다린다. 기다리면 변화가 나를 맞아주기 때문이다. 변화 없는 삶은 무미건조하다. 지겹다. 그래서 새로운 것에 도전하며 그 결과를 기다리기도 한다. 자식을 결혼시키면 얼마 지나지 않아 언제 손주를 볼 수 있을지 기다려진다.

기다림은 미래를 향한다. 현재가 좋아도 더 좋은 미래를 꿈꾸는 게 우리네 삶이다. 이것은 끊임없이 이어진다. 이와 함께 세월도 흐른다. 그리고 추억이라는 유산이 가슴속에 남는다.

옆에 있는 그네에는 칠십 중반이 넘으신 할아버지 한 분이 아침을 드시고 나와 앉는다. 무슨 생각을 하는지 알 수는 없지만 뭔가를 기다리고 계실 것이다. 약속을 해놓고 기다리는 경우와 그저 아무런 일 없이 일상적으로 기다리는 경우도 있다. 이 둘의 공통점은 시간이 흘러간다는 것이다. 단지 흐르는 시간에 대한 마음가짐만 다를 수 있다.

만남은 선약이 있든 없든 즐거운 일이다. 일이 나를 기다리는 경우도 있고 내가 일을 기다릴 때도 있다. 누군가의 연락을 기다리는 경우도 있고 누군가에게 연락하기로 했던 시간을 기다리는 경우도 있다. 밥을 지어도 기다려야 먹을 수 있다.

사무실이 기다리고 있고
기계가 기다리고 있고
청계산이 기다리고 있지만

내가 찾아 나서야 만남이 이루어진다.
비가 오기를 기다리고 있고
눈이 내리기를 기다리고 있지만
그대가 나를 찾아주어야 볼 수 있다.

만남은 내가 찾아다녀야 할 경우도 있지만 그대가 나를 찾아주어야 하는 경우도 있다. 나이는 가만히 기다리고 있을 뿐이다. 그래도 시간이 알아서 나이를 찾아주기에 고민이 없다. 하지만 사람은 나이라는 놈을 만나기 싫어한다. 세월의 흐름을 피하려고 한다.

그런데 엘리베이터를 기다리는 사람은 위만 쳐다본다. 몇 층쯤 내려오고 있을까 조급하기만 하다. 그래서 인간은 만남에 대해서 이중적 잣대를 지니고 산다. 필요할 때는 빨리, 싫을 때는 천천히 만나기를 소망한다. 기다리게 해놓고 오지 않는 사람도 있고 늦게 도착하는 사람도 있으며 아예 먼저 와 있는 사람도 있다. 만남은 원망도 만들어내고 짜증도 만들어내지만 고마움과 기쁨도 선사한다.

청계산은 말이 없지만 늘 우리를 기다리고 있다. 타고난 팔자가 기다리는 삶이기에 그렇다. 삶은 기다림의 연속이라고 했다. 무엇이 나를 기다리던 내가 무엇을 기다리던 만남을 기대한다. 그렇게 소망하며 살아가는 게 인간이다.

만남을 통해서 언제나 '기쁜 우리 젊은 날'을 만드는 기분으로 살아간다면 매일매일이 즐겁고 신난다. 만남이 있기에 희로애락을 느끼며 살아간다. 무미건조함을 이겨낼 수 있다. 또 다른 만남을 위해서 사람들은 찾아 나선다. 새로운 맛을 보기 위해.

선택의 결과

축구에서 페널티킥을 찰 때 선수들은 스트레스를 가장 심하게 받는다고 한다. 왼쪽으로 차야 할지 오른쪽 구석을 노려야 할지 그냥 가운데로 넣을지 고민하게 된다. 그런데 통계상으로는 한가운데를 노리는 것이 성공률이 가장 높다고 한다. 골키퍼는 오른쪽으로 57%, 왼쪽으로 41% 몸을 날린다고 한다. 따라서 골키퍼가 그 자리에 그대로 서 있는 확률은 2%이지만 대부분의 키커들은 구석차기를 선택한다고 한다.

박인비는 골프를 삶의 동반자로 선택한 사람이다. 2015년 골프 선수 박인비는 브리티시여자오픈에서 우승함으로써 커리어 그랜드슬램이라는 대기록을 달성하며 새로운 전설로 태어났다. 우승 직후 인터뷰에서 "멀게만 느껴졌던 게 막상 현실이 되니 꿈인지 현실인지 모르겠다. 막상 이루고 나니 아무것도 아닌 것처럼 느껴지고, 그동안 무엇 때문에 이렇게 힘들었나 하는 생각도 든다"고 말했다. 그렇게도 숙원이었던 커리어 그랜드슬램을 달성했는데 바로 행복한 그 순간 뒤에 허망함이 기다리고 있다는 걸 모르고 있었으며 꿈이 현실이 되었을 때 비로소 깨닫게 되었다는 얘기다.

우리네 삶의 과정을 27세라는 빠른 나이에 터득한 박인비 선수는 이제 더 큰 목표를 설정하고 도전하며 행복과 허망함을 교차해서 맛보며 성숙할 것이다. 이제부터 박인비 선수의 그릇의 크기가 어디까지 성장할 것인지 다시 시작되는 것이다.

행복은 소유에 있는 것이 아니라 '나'라는 존재 자체에 있다고 누군가 말했다. 타인과의 비교가 불행의 원인이라는 걸 알고 타인의 시선보다는 자기 자신의 가치에 집중할 때 더 행복한 삶의 과정을 그려 나갈 수 있다. 남과 비교한다는 건 남을 의식하며 산다는 것이다. 남과 비교할 때는 자신의 아름다움과 본질적인 가치를 상실한다. 행복은 지금 이 순간 나와 함께 존재한다. 자신의 삶에 집중할 때 비로소 삶의 주인이 되는 것이다. 그리고 욕심을 버려야 얻을 수 있다는 걸 깨달았다는 박인비 선수의 인터뷰 내용을 읽으면서 대부분의 사람들이 욕심을 내려놓지 못해 처절하게 망가지는 꼴을 보이며 다시는 일어서지 못했는데 아직 삶의 초년병으로서 참으로 대견한 인생수업을 받았다는 생각이 든다.

세상을 살다 보면 편한 사람과만 함께 갈 수는 없다. 불편한 관계라도 어떨 때는 머리를 맞대고 고민을 함께해야 할 경우가 있다. 여행은 낯섦과의 만남이다. 설렘과 함께 시간을 들여 친숙하지 못한 곳을 찾아가는 것이다. 편안함만 추구한다면 내가 사는 고향에서만 맴맴 돌아야 한다. 음식점도 처음부터 단골인 곳은 없다. 선택해서 자주 가다 보니까 낯설지도 않고 편안함을 느끼게 된 것이다. 군대도 가고 싶어 간 곳이 아니다. 국가의 부름에 의무적으로 입대해서 모두가 낯선 환경에서 낯선 사람들과 만나 기숙을 함께하며 삶의 인연을 확장하게 된다. 부부도 처음엔 남남이었다. 인연이 닿아 결혼을 하고 함께하면서 무촌이 되어 세상에서 제일 가깝고 편안한 관계가 되는 것이다. 부모 자식 간은 1촌이고 형제간은 벌써 2촌이 된다. 부부의 인연이 자식을 만들고 형제간이라는 인연까지 외연이 무섭게 확장된다. 직장 동료나 상사와 부하는 회사로부터 선택받아 만들어진 인연이다.

우리네 삶은 크고 작은 선택의 끝도 없는 길이다. 모두가 걷고 있지만 마음속의 목적지는 제각기 다 다르다. 그래서 사회를 이루고 다양성이 표출된다. 획일적 삶은 친숙해서 좋은 것 같지만 삼시 세끼 김치만 놓고 밥을 먹는 것과 같다. 다양한 삶은 언제나 고통을 수반하지만 한정식처럼 여러 가지 음식을 맛볼 수 있다.

일체유심조라고 마음먹기에 달렸다. 김치만 먹고 고향 동네만 서성일 것인지 뷔페를 즐기며 비행기와 배를 타고 나아갈 것인지는 각자의 선택과 행동으로 결정된다. 낮과 밤이 바뀐 나라를 찾아 나서면 시차와 언어, 그리고 음식 등 많은 시련이 따른다. 시간과 돈을 투자해서 이런 시련을 맞이하고 나면 평생의 추억이라는 아름다운 자산이 길이길이 보존되기에 사람들은 낯섦을 선택하고 만나러 떠난다.

살아가면서 브레이크 페달과 가속페달 중 지금 상황에서는 어느 것을 밟아야 옳을지 고민하게 되는 경우가 많다. 일상의 조그만 일에서부터 자녀의 진로문제, 재산을 형성하는 방법, 직장을 옮기는 문제, 사업을 어떻게 꾸려 가야 할지, 노후 대비는 어떻게 할지 등등의 큰일까지 당면하는 현실 모든 것에 대해서 우로 가야 될지 좌로 가야 될지 늘 갈등하며 결정해야 될 운명 속에서 인생

의 여정을 가고 있다. 즉 삶 속에서 수많은 의사 결정을 요구받게 된다는 뜻이다.

어떤 일에 부딪혔을 때 순간의 이익을 챙기는 게 좋은 건지 아니면 미래의 기회를 기다리는 게 지혜로운 건지 많은 번민과 갈등 속에서 정신적으로 성장하며 나이테가 늘어가는 것이다. 그래서 그때그때마다 앞을 내다보는 능력이 절실하게 필요하다. 그러나 대부분의 사람들은 현실 속에서 눈앞의 이익을 먼저 생각한다. 나중은 나중이고 현실이 더 급하다는 생각과 나중에 어떻게 될지 누가 알겠느냐고 속으로 셈을 해보면서 말이다.

바둑의 경우, 실리를 챙기는 사람이 있는가 하면 세를 불리는 것을 선호하는 스타일도 있다. 너무 실리 위주로 나가면 작은 것에 치중하게 되는데 작은 것들을 모아봤자 큰 것을 이루지 못하는 경우가 허다하다. 그러나 반대로 세력만 확장하면 한군데 구멍이 생길 경우 사상누각(砂上樓閣)이 될 수도 있다.

이렇듯 삶 속에서 어떤 결과를 예측한다는 게 결코 쉬운 일은 아니다. 그래도 그동안 살아온 경험으로 봤을 때 개별 전투에서 작게 작게 이기는 것보다 미래 지향적 행동으로 인생 전체의 장기적 전쟁에서 승리하는 게 바람직하다는 것이다. 역사를 돌이켜봤을 때에도 국지적 전투에서는 이겼지만 전쟁에서는 진 경우도 있었고 개별 전투에서는 실패했지만 전체적 전쟁 결과로는 승리했던 사례가 있었다. 현실적으로 쉽게 쉽게 눈앞의 이익만 챙기는 게 편하지만 그래도 미래에 대한 기대와 희망을 품고 사는 것이 더 풍요로운 삶이 아닐까 생각해 본다.

20세기 최고의 성악가로 명성을 떨친 루치아노 파바로티도 갈등과 선택의 중요한 경험을 갖고 있었다. 대학에서 교육학을 전공하고 졸업한 후 진로에 대해서 음악과 교육 중 어느 것을 선택해야 할지 고민에 빠졌을 때 "두 개의 의자를 벌려 놓고 두 곳에 다 앉으려다가는 바닥에 주저앉게 된다"는 아버지 말씀을 듣고 나서 망설임에 종지부를 찍을 수 있었다고 한다.

두 아이를 키우는 동안 나도 이와 같은 일을 경험한 적이 있었다. 그때마다 본인들의 생각을 경청하면서 나의 의견을 피력하여 자식들의 고민을 해소하는 데 작게나마 관여했고 자식들의 인생 행로에 도움을 주었다고 생각한다.

일상생활을 하다 보면 크고 작은 방향을 결정하는 데 있어 망설이며 고민하는 경우가 많다. 이때 고민을 해결하기 위해 대화를 통해서 다른 사람의 의견을 청취하기도 하고 또는 책 속에서 얻었던 간접경험을 참고하기도 한다. 돌이켜보면 작은 건 양보하고 큰 것을 얻으려 노력하는 자세를 견지하며 살아가는 것이 그렇게 쉽지는 않았던 것 같다. 즉 그때그때의 욕심보다는 무엇이 나를 진정으로 행복하게 할 수 있는 행동인지를 판단하는 게 어렵다는 얘기다. 지금 이 순간의 만족보다는 오랫동안 내 마음속에 머무를 흐뭇함을 먼저 생각해야 된다. 그래서 한 번의 기쁨을 만끽하기보다는 어떻게 결심하면 두고두고 후회하지 않으며 기분 좋을까를 염두에 두고 의사결정을 내리고 싶은 것이다. 또한 나 혼자만의 행복보다는 다른 사람들과 더불어 행복할 수 있는 지혜로운 순간의 선택을 통해서 아름다운 추억을 만들어나가고 싶다.

내가 27년 전에 썼던 논문 주제처럼 갈등 해소를 통한 삶의 만족도 제고를 위하여 나는 인생의 과정 속에서 의사결정의 선택을 강요받을 때마다 순간보다는 남은 세월을 먼저 생각하며 미래 지향적 결정을 내리려 한다. 매달 버는 돈을 그대로 다 써버리는 것이 아니라 미래를 담보하기 위하여 일정액을 먼저 저축하며 살아가듯이, 지금 저축하는 돈이 현재의 생활을 궁핍하게 만든다는 갈등을 느낄 때도 많지만 그래도 노후를 생각하며 장기 안목적 선택을 하는 것이 더 중요하다.

그래서 내 자식을 포함해서 앞으로 살아갈 날이 더 많은 젊은 사람들에게 늘 하는 말이 있다. “현실적으로 당장의 달콤함을 취하기보다는 오랜 기간 만족할 수 있는, 그리고 결코 후회하지 않을 지혜로운 선택이 무엇인가를 늘 고민해 본 후에 결정하라”고.

갈등은 발전의 기회이며 성장통의 과정이다. 이 기회와 과정을 통해서 한 차원 높은 삶을 만들어간다. 갈등을 맞이할 때마다 나에게 좋은 기회가 주어졌다고 긍정적으로 생각해 보라. 그리고 기쁜 마음으로 받아들여 보자. 안 될 것은 그 자리에서 포기하고, 포기하기로 결심한 것에 대해서는 뒤도 돌아보지 말자. 앞으로 잘할 수 있는 더 큰 비전만 생각하며 살자. 그러면 해가 갈수록 마이너스보다는 누적된 플러스만 남을 것이다. 우리는 어떠한 갈등도 극복할 수 있으며, 또한 극복하며 살아야 한다.

오늘도 일상 중에 갈등이라는 파도가 모래사장으로 밀려왔다가 다시 깊은 바다를 향해서 빠져나갈 것이다. 잘 견디고 지나면 원상으로 돌아오게 되어 있다. 갈등은 변화이며, 살아 있다는 증표이기도 하다. 변화는 발전할 수 있는 좋은 기회이다. 삶은 선택의 연속이며 선택은 인생 역전의 기회를 준다. 내가 선택했던 결과에 대해서는 과거를 묻지 마라!

앞으로도 또 선택할 기회는 있으니까.

세월의 노래

4일간의 빨간 추석 명절이 끝나니 2015년도 이제 3개월 후면 막을 내린다. 세월은 유수 같다고 하더니 정말 빠르다. 오늘도 많은 사람들이 지하철을 이용해 삶의 균형을 맞추기 위해 각자의 일터로 바쁘게 이동한다.

지하철의 에스컬레이터가 있는 곳 어디에나 '걷거나 뛰지 마시고 손잡이를 꼭 잡아주세요'라는 안전 문구가 붙어 있다. 하지만 많은 사람들이 더 빨리 가려고 타사마자 걷거나 심지이는 뛰어간다. 옳고 그름을 떠나서 젊음과 늙음을 떠나서 몸이 먼저인지 마음이 먼저인지 헤아릴 과정도 없이 그저 습관적으로 나타나는 현상일 것이다. 사람마다 생각이 다르고 행동이 다를 뿐이다.

특히 젊은 계층은 왕성한 에너지를 뿜어내기라도 하듯이 빠른 걸음을 재촉한다. 그만큼 유연성과 근력이 좋으니 생각보다 몸이 먼저 움직이는 것이다. 나이가 든 사람은 시간에 쫓기지도 않지만 몸에 자신이 없어 기계가 시키는 대로 따라한다. 조금 빨리 가려다가 다치면 자기만 손해라는 여러 가지 경험이 축적된 결과다.

건물 안에 들어섰을 때 엘리베이터가 나를 기다리고 있어 바로 타고 올라갈 때의 기분, 정류장에 도착하자마자 타야 할 버스가 왔을 때, 지하철을 탔는데 빈자리가 보일 때와 같이 기분 좋은 일도 있지만 아무리 기다려도 오지 않던 버스가 정류장을 홱 통과해 버렸을 때처럼 기분 나쁜 일도 경험하면서 살아가는 게 우리들 일상이다.

또한, 평소에는 나쁜 짓만 골라 하다가 주일만 되면 교회를 찾아 반성하는 모습을 보이는 게 인간이다. 기쁨도 슬픔도 함께하는 게 우리네 삶이고 흘러가버린 과거를 동경하기도 하고 후회하기도 하면서 세월을 노래하는 게 팔자요 운명이라고 한다.

나이 육십은 생각해 보지도 않았건만 어느새 육신은 탄력성을 잃고 자식이 자식을 낳아 내 눈앞에 나타나는 게 거스를 수 없는 시간의 흐름이요 이것이 모여 역사를 이룬다. 역사는 하루아침에 이루어지지 않는다. 몸을 움직이지 않아도 생각을 하지 않아도 시간은 흐르고 역사는 계속 쓰인다. 늘 행복하기를 빌지만 나에게도 그리고 내 주변에도 불행한 일은 불쑥 찾아온다.

한 시간, 두 시간 그리고 1달, 2달 또 1년, 2년은 시계와 달력이 구분해 놓았지만 인간은 여기에 예속되어 세월의 흐름을 논한다. 누구나 언젠가는 간다. 다만 지하철 에스컬레이터를 만났을 때 어느 상황에서, 어느 나이에, 어떤 방법으로 행동하느냐에 따라 내 삶의 내용물이 각각 다르게 채워진다. 사랑과 이별도 운명이라고 말하는 건 그때그때의 처해진 상황에 따라 이루어지기 때문이다. 같은 곳을 가려고 버스를 기다리는데 어떤 사람은 운 좋게 바로 타지만 어떤 사람은 지루하게 기다려야 겨우 몸을 실을 수 있다. 이것도 운명이라고 얘기하면 고민할 게 없다. 다만 각자의 마음

잣대로 행운이니 불행이니 가름할 뿐이다.

옆 사람이 무슨 짓을 하던 자기 할 일만 하는 사람도 있고 옆집에서 텔레비전을 새로 구입하는 걸 보고 안달이 나서 무리하게 바로 충동구매하는 사람도 있다. 하루에도 오만 가지 걱정으로 끝없이 불안하게 사는 사람도 있고 인생이 별거냐며 가볍게 넘기며 받아들이는 사람도 있다.

그렇다고 거저먹는 삶은 없다. 반드시 그 대가를 치러야 한다. 다만 인간들이 모르는 뭔가가 있어 운이 좋은 사람도 있고 그렇지 못한 사람도 있다고 느낄 뿐이다.

30년이 훌쩍 넘는 세월의 직장생활을 마친 후, 어떤 사람은 지금부터 어떻게 살아야 할까 고민에 빠져들지만 어떤 사람은 이제부터 인간답게 여유작작 살 궁리를 한다. 모두가 마음먹기 달렸고 자기하기 나름이다.

교회를 다니는 사람도 있고 절에 다니는 사람도 있으며 아무것도 안 믿는 사람도 있다. 교회에 다녀도 건성인 사람이 있는가 하면 그 반대로 심취한 사람도 있다. 각양각색의 사람들이 모여 사는 게 세상이란 곳이다. 우리는 그중에 73억분의 1의 구성원일 뿐이다.

조그마한 일에도 행복을 만끽하는 사람이 있는가 하면 늘 불만스럽게 부정적으로 살아가는 사람도 있다. 모두가 팔자소관인데 어쩔 것인가.

나의 운명이란 자신의 노력에 주변의 관심과 사랑이 더해져서 할 수 있는 일에 최선을 다하고 마지막 부분은 하늘의 명령에 따르는 것이다.

똑같은 재산을 물려줘도 사람에 따라 그 결과는 엄청난 차이를 보인다. 각자가 가는 방향이 다르기 때문이다. 누구를 원망한다고 해결되는 문제가 아니다. 내 인생은 내 책임이다. 최선을 다한 사람과 그렇지 못한 사람, 운이 따르는 사람과 그렇지 못한 사람이 있을 뿐이다.

어찌 보면 세상은 공평하다. 내가 가진 걸 다른 사람은 갖지 못하고 남이 가진 걸 나는 갖지 못했기에 누구에게나 기회는 있는 것이고 그래서 운명도 개척할 수 있다는 말이 생긴 것이다.

나이가 들어갈수록 병원을 찾는 횟수도 비례하지만 가족력이라는 얘기를 듣고 보면 태어날 때부터 유전적으로 다른 게 있기는 있는 모양이다. 단지 가족력을 극복하려고 노력하는 습관이 질병을 사전에 예방하고 제2의 건강을 만들어낸다.

흔히 기쁜 우리 젊은 날이라고 노래하지만 육십이 넘어서 기쁜 우리 늙은 날을 맞이하려면 늘 젊게 살려고 정신적 신체적 사회적으로 부단하게 노력해야 한다. 누구나 생로병사의 과정을 밟는다. 다만 어떻게 나서 어떻게 늙고 어떻게 질병을 피하고 어떻게 죽느냐는 본인의 의지와 노력 여하에 따라 다를 것이다.

지금 이 순간도 지하철의 에스컬레이터는 쉬지 않고 손님을 기다리고 있다. 사람마다 이용하는 모습은 각양각색이다. 내 삶의 에스컬레이터를 어떤 모습으로 이용할 것인가는 전적으로 각자의 몫이다. 다만, 세상은 함께 사는 것이라는 걸 늘 염두에 둘 필요가 있다.

조동진의 '행복한 사람'이라는 노래가 부럽다.

"아직도 남은 별
찾을 수 있는
그렇게 아름다운
두 눈이 있으니
아직도 바람결
느낄 수 있는
그렇게 아름다운
그 마음 있으니"♬

우리에겐 이 세상을 뜨기 전까지 아름다운 눈과 아름다운 마음이 같이하고 있어 늘 아름다운 세상과 동행할 수 있다.

세월의 노래를 아름답게 불러보자!

삶의 대리운전

어떤 일을 할 때 본인이 직접 하는 경우와 타인에게 의존해서 처리하는 경우가 있다. 타인에게 의존하는 이유는 본인 스스로 하는 것보다 남에게 맡기는 것이 더 효율적이라고 판단하기 때문이다. 쉬운 예로 밥을 먹는다거나 이를 닦는 건 남에게 시킬 수 없어서 혼자 알아서 하는 행위이며, 남에게 맡길 경우는 비용이 따른다. 신발을 사서 신는 것은 내가 직접 만들어봤자 품질도 안 나오고 시간투자에 대한 가치가 떨어지므로 남이 만든 걸 사용하는 것이다.

요즘 젊은 세대들 생각은 다르겠지만 육십 전후의 의식으론 바깥양반은 집에서 밥을 짓고 청소하며 애를 키우는 것보다 직장에서 일을 하며 가정생활에 필요한 돈을 벌어 집에 갖다 주는 게 더 의미 있고 효과적이라고 생각해 집안일보다는 바깥일에 몰두했었다. 어찌 보면 아내와 업무 분담을 통해 효율적으로 상생하는 방법을 택했던 것이다.

오랫동안 알고 지낸 지인이 어쩔 수 없이 투잡으로 대리운전을 하며 살아가고 있다. 그간 잘나가던 직장을 떠나 이리저리 흘러가다 마음을 다 내려놓고 목구멍에 거미줄 칠까 봐 현실적으로 선택한 길이었다. 대리운전을 하면서 혹시나 아는 사람을 만날까 봐 걱정은 많지만 그 사람이 밥 먹여 주는 게 아니니 체면을 무릅쓰고 당당하게 밤길을 헤맨다고 한다. 대리운전을 부탁한 사람은 안전과 다음 날의 출근을 위해 요금을 지불하는 것이고 운전기사는 먹고살기 위한 방편으로 다른 사람의 편리를 도모하는 상호간의 필요한 매칭이다.

사람은 혼자서 모든 일을 해낼 수 없기에 필요에 따라 남에게 의존하기도 하고 남이 시킨 일을 수행하면서 생활에 필요한 돈을 번다. 세상은 이처럼 상호작용에 의해 상대방과 더불어 정글을 헤쳐 나가는 것이다. 환자는 몸이 아프면 병원을 찾아 치료를 받고 대가를 지불하며 의사는 진료비를 받는다. 그리고 환자는 의사에게 필요한 물건을 팔아 병원에 갈 돈과 생활에 필요한 자금을 마련한다. 돈이라는 말이 '돈다'에서 생겨난 것처럼 돌고 도는 것이다.

우리네 삶도 한때는 양지에 있다가 음지로 추락하기도 하고 반대로 천신만고 끝에 음지에서 탈출하여 양지로 뛰어오르기도 한다. 그러나 중요한 건 내 인생의 운전대를 항상 남에게 맡길 수 없다는 것이다. 내 삶은 내 스스로 운전하며 살되 필요한 경우에만 남의 말을 경청하고 자문을 받으며 지혜롭게 처신하는 게 평범한 사람들의 사회생활이라고 생각한다. 자신감이 부족한 사람들은 늘 "나 어떡하지?", "나 어떻게 해야 될까?" 하는 자세로 스스로 운전하지 못하고 대리운전에만 의존하며 살다가 간다.

반대로 자신감이 과한 사람은 시도 때도 없이 너무 남의 일에 깊숙하게 간여하기에 주변 사람들이 싫어하며 떠난다. 중용은 덕이라고 이 두 가지 모습을 적절하게 균형을 이루면서 행동할 때 본인의 열정은 그대로 간직하고 상대방의 존경을 받으며 필요한 사람으로 인정받게 된다.

벌써 몇 년째 차 없이 다니면서 대리운전을 부를 일도 없지만 술 한 잔 걸치고 집으로 돌아가면서, 핸드폰을 두 개씩 갖고 호출을 기다리는 대리기사들의 모습을 보면서 언젠가 삼성의료원에 조문을 갔다가 밤 12시가 다 되어 대리운전을 불렀을 때 40대 여자 분이 뛰어왔던 일이 기억난다.

어쩌다 여자가 대리운전을 하게 되었는지 궁금해 실례를 무릅쓰고 조심스레 말을 건넸더니, 남편이 그림을 그리는 사람인데 가평 산 속에 파묻혀서 아예 가족들 먹고사는 걱정은 잊고 살기에 하는 수 없이 아이를 데리고 나와 몇 푼이라도 벌어 먹고살려고 대리운전을 시작했단다. 그 얘기를 듣고 차에서 내릴 때 정해진 요금에 1만 원을 더 건네며 지금 이 시간에 어떻게 가냐고 걱정했었던 기억이 되살아났다.

또 한 번은 거나하게 취한 상태에서 대리운전을 불렀는데 웬 회장님같이 생긴 분이 나를 찾기에 깜짝 놀라 바짝 긴장한 상태로 말 한마디 없이 귀가했던 기억도 있다. 지금은 야간 대리운전을 하고 있지만 사람마다 과거가 있고 미래가 있기에 현재의 상태만 가지고 논평을 가할 수 없는 게 우리네 인생 아닌가 싶다. 그분들은 비록 남의 차를 대신 몰고 있지만 생업전선에 뛰어든 이상 자기 삶을 자기가 운전하고 있는 것이다. 그래서 세상은 겉만 보고 판단하다가 실수하기 마련이고 이 실수가 모여 양지에서 음지로 끌어내려지기도 한다.

누군가와 대화를 나눌 때 항상 잊지 않는 게 있다. "역지사지(易地思之)"라고 상대방의 입장에서 다시 한 번 생각해 보고 해야 할 말을 정리하는 습관이다. 마누라 입장에서, 자식들 입장에서, 친구 입장에서, 부하직원 입장에서, 상사 입장에서, 형 입장에서, 동생 입장에서, 고객 입장에서, 사업 동료 입장에서 등등 경우에 따라 상대방의 생각과 주장이 틀린 게 아니라 반드시 무슨 이유가 있을 거라고 생각하며 역지사지하는 자세로 살아가려고 노력한다.

분명 나와 다를 수 있는데 틀린 거라고 단정 지을 때 관계가 소원해지고 틈이 벌어지게 되어 있다. 왜냐하면 인간(人間)이란 글자는 사람 '인'에 사이 '간'으로 구성되었기에 '사람과 사람 사이'라는 뜻이 되기 때문이리라.

오늘도 수많은 대리기사들이 전국 방방곡곡에서 남의 삶을 잠시 대리해 주기 위해서 기다리고 있을 것이다. 그러나 그들은 운전대를 잡는 순간 자기 삶을 직접 운전하는 것이라고 생각해야 한다. 그들은 용감한 선택을 한 것이다. 내막이야 알 수 없지만 그들 나름대로 대리운전이 음지에서 양지로 탈출을 시도하는 인생의 2막을 시작하는 것인지도 모르는 일 아닌가!

남을 탓할 수 없는 게 우리네 운명이라지만 본인의 운명 앞에 어려움이 닥치면 가까운 사람들을 쉽게 원망하기도 한다. 그러나 결코 그것도 정답은 아니다. 어차피 나의 인생은 내가 운전해야 되니까.

내가 먼저 떠나야지

나이가 들어가면서 비로소 보이는, 비로소 느끼는, 비로소 수용하게 되는, 비로소 이해할 수 있는 우리네 삶의 곡절이 참 많은 것 같다. 시인 고은 선생은

"내려갈 때 보았네
올라갈 때 보지 못한
그 꽃"이라고 말했다.

부모님 놔두고 먼저 세상을 뜬 자식을 불효자라고 하지만 자식을 먼저 보낸 부모는 자식을 평생 잊지 못하고 가슴 아프게 보낸다고 한다. 그러나 부부지간에는 서로 먼저 가는 게 좋겠다고 말한다. 이유인즉 먼저 죽어야 배우자로부터 사랑을 듬뿍 받고 떠날 수 있기 때문이란다. 그리고 당신이라도 좋은 세상 조금이라도 더 살다가 오라는 아름다운 사랑의 메시지도 담겨 있다. 김동길 박사님 말씀대로 모든 게 지나고 나면 추억만 남기는 것이요 절대 영원한 건 없는 것 같다.

삼성그룹의 이건희 회장도 돈이 없어 병을 못 고치는 게 아니듯이 젊은 시절의 건강도 세월의 흐름 속에 쇠약해지고 날아가는 새도 떨게 했던 무서운 권력도 영원할 순 없는 것이다. 정권만 바뀌

면 유력기업이나 힘 있는 단체의 CEO가 검찰에 불려가고 옥살이도 한다. 우리 같이 보통 사람들은 술잔을 기울이며 말한다. "자식들! 그만큼 해먹었으면 됐지 뭔 욕심이 그리 많아"라고.

나이가 들면 배우지 않아도 아는 게 많아진다. 새로운 대통령이 당선되면 박수 칠 때 떠나라는 말처럼 본인이 알아서 아무리 아깝고 좋은 자리라도 먼저 그만두겠다고 사의를 표하면 검찰에 불려 갈 일도 없을 텐데 그놈의 욕심 때문에 좀 더 앉아 있으려고 버티는 바람에 귀싸대기를 맞고 결국은 상처투성이가 되어 떠밀려 간다.

외국의 어느 CEO는 다른 사람에게 높은 평가를 받는 것이 성공의 기준이라고 말했다. 분위기를 깨닫고 먼저 떠나려고 자리를 양보하면 높은 평가를 받고 기억에 남는 사람이 된다. 뭐든지 적당한 선에서 취하고, 머무르고, 쓰고, 남기고, 주고, 받고, 나누며 더불어 사는 것이 중용의 덕이 아닐까 싶다.

북한강 물줄기가 힘차게 흘러가는 모습을 생생하게 내려다볼 수 있는 태양이 가득한 고급 전원주택에도 같이 놀아줄 친구가 많아야 비로소 제 역할을 다하는 것이며 맛있는 술과 음식도 같이 어울려야 제 맛이 나는 법이다. 얼마 전에 아는 선배가 농담을 했다.

"하루에 100만 원씩 줄 테니 남에게 주지 말고 본인이 직접 꼭 다 써야 한다"고 하면 돈 돈 돈 하던 사람도 며칠 못 가서 손들 거라고.

일정 규모 이상의 돈은 내가 갖고 있어도 다 내 것이 아니라는 말이 맞는 것 같다. 그래서 현인들은 내가 세상에 나눌 수 있는 것이 무엇인지 생각하라고 했다.

물의 모양은 담긴 그릇에 의해 결정되듯이 한 사람의 운명도 어떤 인간관계를 맺고 사느냐에 따라 좌우된다. 그래서 사랑은 세월이 흘러도 저마다의 특별한 기억으로 남는다고 했나 보다.

사람들에게 "천국에 갈래? 지옥에 갈래?" 하고 물어보면 생각 없이 모두가 이왕이면 천국에 가고 싶다고 말한다. 어떤 사람은 그래도 일말의 양심은 있어 살아 생존에 남에게 잘한 게 없으니 지옥에 가야 마땅하지만 기회를 주신다면 죽어서라도 천국에 가서 잘못을 빌고 어려운 이웃을 헤아리는 일에 앞장서겠다고 수줍게 말한다.

그런데 더 웃기는 얘기가 있다. 모두 천국에 가고 싶어 하지만 죽고 싶어 하진 않는다는 사실이다. 일단 죽어야 천국이든 지옥이든 갈 수 있는 자격이 생기는데 죽지도 않고 살아 있으면서 천국에 가고 싶다는 얘기를 반복한다. 다시 말해서 욕심은 내려놓지도 못하면서 말로만 "다 내려놔야 하는데"라고 떠벌이는 것과 같은 행동이다.

사람은 살아 있는 동안 배우며 산다. 노인을 보면서 나의 미래를 그려보고 젊은 사람을 보면 나의 과거를 뒤돌아보게 된다. 병원에 가면 환자들을 보면서 건강에 유념해야 한다고 느끼는 것처럼 말이다.

요즘 육십이 넘은 사람들 사이에서는 실손의료보험에 대한 관심이 높아 화젯거리로 자주 등장한다. 육신을 오래 쓰다 보니 자꾸 고

장 나는 곳이 발생하며 병원에 가는 빈도도 높아지고 있다. 그러면서 또 다른 걱정이 생겼다. '이러다 갑자기 입원이나 수술이라도 하게 되면 어떡하나.'

그야말로 먼저 가는 건 좋은데 짧게 살다 가더라도 죽는 날까지 건강하게 활동하다가 밤새 안녕하고 싶지만 본의 아니게 병원에 누워 죽지도 않고 오랫동안 환자로 연명하면 본인도 본인이지만 가족들만 고생시키고 돈은 돈대로 깨진다. 가족들 고생시키는 건 팔자라고 하더라도 경제적 부담이라도 최소화할 수 있도록 사전에 대비하자는 게 바로 실손의료보험에 가입코자 하는 것이다.

언제부턴가 횡단보도 신호등이 파란불로 바뀌어도 급하게 뛰어 건너기 싫어 그냥 발이 닿는 대로 천천히 걷다가 여유가 있으면 건너고 깜빡깜빡하면 기다렸다 다음에 건너간다. 열 시간도 넘게 비행기를 타고 태평양을 건너 이국땅을 밟고 싶지도 않다. 일부러 시간 내서 돈 쓰며 새벽 같이 골프장에 가서 스코어의 노예가 되고 싶지도 않다. 일부러 기차 타고 버스 갈아타며 강원도 높은 산에 오르고 싶지도 않다. 그저 찾아오는 벗과 동네 뒷산 산책하며 옛날 추억 회상하다가 내려와 막걸리 한잔에 김치전 안주삼아 그냥 저녁으로 때우련다.

이러다가도 친구 녀석이 어디가 좋다고 추천하면 잊기 전에 얼른 찾아가련다. 맘에 드는 친구랑 김삿갓이 되어 구석구석 다니면서 경치 좋은 곳에서 하룻밤 자고 더 좋으면 이틀 밤 하다가 집 생각나면 터덜터덜 버스 타고 돌아오련다. 자식이 온다 하면 밥이라도 한 끼 같이하고 소식이 없으면 바빠서 그렇겠지 이해하고 무소식이 희소식이라고 편하게 생각하리라.

육십 넘은 마누라가 제 형제들과 몇 날 며칠 여행을 간다 하면 두말없이 잘 다녀오라고 기분 좋게 수락하리라. 나만을 생각하고 있는 사람은 없을지라도 당신이 내 친구여서 참 좋았다고, 앞으로도 계속 보고 싶은 얼굴이었으면 더 좋겠다고 말해 줄 수 있는 사람이 있었으면 행복하겠다.

인생의 가을을 단풍처럼 활활 불태우다 수평선 너머로 떨어지는 태양이 되어 먼저 떠나더라도 천국에서 다시 만나고 싶은 사람으로 모두에게 기억되고 싶다. 이것도 욕심일까?

내 마음의 숲

초등학교 시절 명절날이 다가오면 연중행사로 동네 친구 녀석들과 함께 내가 태어나서 노닐던 삼각지에서 용산역까지 걸어서 고향 가는 열차를 타기 위해 이부자리를 땅에 깔고 기다리는 수많은 귀성객을 구경하러 갔다. 용산역 광장에는 구름 같은 사람들이 몰려 고향에 계신 부모님과 가족들을 보고파 선물세트를 바리바리 챙기고 하염없이 기다리고 있었다. 고향 갈 기차를 탈 기회가 없는 우리로서는 그들이 한없이 부러웠으며 농경의 대상이기도 했다. 그러나 세상이 급속도로 바뀌면서 추억어린 그런 풍경은 사라지고 말았다.

아이들이 독립하고 나니 마음의 고향만 그리며 살아가고 있다. 자식에게는 부모님이 평생 마음의 고향이고 부모에게는 자식이 마음의 고향이 되어 무소식이라도 잘 살아가는 게 바람이고 얼굴을 들이밀면 하루가 행복하다. 살아생전 효도가 진짜라는 걸 부모님 돌아가신 후 깨달았지만 이젠 자식을 기다리는 입장이 되었다.

점심시간이 지난 오후 2시경 동네 공원에 운동하러 가니 공원 안에 있는 1층짜리 붉은 벽돌집에서 밴드소리에 맞춰 정겨운 노인들의 노랫가락과 웃음, 박수소리와 함께 진행자 겸 노래꾼의 목소리가 우렁차게 터져 나오고 있다. 어버이달이 있는 5월에 자식들이 해야 할 효도행사를 지자체 또는 봉사단체가 대신 메워주고 있는 것이다. 노인들은 잠시 자식들에 대한 서운함을 잊고 분위기에 취할 것이다. 평소에는 삼삼오오 모여 앉아 100원짜리 고스톱을 치는 할머니들과 나물을 다듬는 할머니들도 계시고 그냥 소파에 앉아 TV를 보며 소일하는 분들도 많다. 이런 광경을 목격할 때마다 30년 전에 돌아가신 부모님 얼굴이 떠오른다. 효도다운 효도 한 번 제대로 못해 본 자식으로서 또다시 반성하는 시간이다.

팔십이 넘어 보이는 할머니가 전철을 타셨다. 두리번두리번 사방을 둘러봐도 빈자리는 없다. 자리에는 젊은 사람들이 많이 앉아 있다. 모두 휴대폰에 눈이 팔려 있다. 아무도 할머니에게 눈길을 주지 않는다. 그때 60대 초반의 남자가 손짓을 한다. 할머니 여기 앉으시라고 하면서 자리에서 일어나는 것이다. 좌석에 앉았던 승객 중 나이가 가장 많은 사람이었다. 경로석이 만석이 되면 노인들은 일반석으로 이동을 하는데 자리를 양보하는 젊은이는 거의 못 봤다. 휴대폰 문화가 그렇게 만들었는지 아니면 학교나 가정교육이 모자라서 그런지 알 수는 없다. 단지 분명한 것은 젊은이도 세월이 흐르면 그 할머니 연세가 된다는 사실이다. 그때 오늘의 젊은이들은 이런 광경을 접했을 때 어떤 느낌으로 받아들일까 무척이나 궁금해진다.

며칠 전 지인으로부터 장문의 카톡을 받았다. 이삼십대 자식들에게 아버지가 언제 돌아가셨으면 좋겠냐는 설문조사를 했더니 63세가 좋겠다는 결론이 나왔단다. 퇴직금도 남아 있을 때 주고 떠나야 자기들에게 경제적으로 도움이 된다는 뜻이다.

노동부 민원창구에서 20년간 근무하다 퇴임한 지인과 차 한 잔 나누며 듣게 된 실화가 있다. 두 사람의 민원인이 함께 앉아 서로 자기 말이 진실이고 상대방은 거짓이라고 언쟁을 벌이다 한 사람이 갑자기 복받쳐 오르는 열에 갑자기 목부터 얼굴 전체가 돼지머리처럼 새까맣게 변색되면서 고개가 뒤로 젖혀져 119를 부르고 심폐소생 응급조치를 하느라 진땀을 흘리며 한 생명을 살렸다고 한다. 이야기를 듣는 동안 세상의 일부 밖에 모르고 살아왔다는 생각을 했다. 사람은 자기가 접해 본 일이 제일 힘들었다고 말한다. 그러나 그것은 빙산의 일각일 뿐이라는 걸 알게 되면서 세상을 보는 시각과 생각이 넓어지고 이치를 이해하게 되는 게 아닌가 싶다. 내가 알면 얼마나 안다고 큰소리 칠 일이 아님을 알 수 있게 된다.

5월엔 특별한 날이 많다. 어린이날, 어버이날, 그리고 근로자의 날. 직장에 다닐 땐 근로자의 날이 기다려지는 보너스 휴일이었는데 어느덧 세월이 흘러 친구들과 모여 옛이야기만 회상하고 있다. “5월은 푸르구나 우리들은 자란다…” 초등학교 시절에 즐겨 부르던 노래의 가사가 들려온다. 함께 모여 한두 시간 산책하기 위해 약속 장소로 나갔다. 그곳은 조선족 동포 아주머니들이 식당에서 태우러 오는 승합차를 기다리기 위해 아침마다 집결하는 장소다. 그들도 중국 길림성 옌볜에 있는 어린 자식들과 부모님 얼굴이 떠오를 것이다. 그들은 오로지 가족을 위해 고향을 떠나와 머나먼 한국으로 돈벌이를 나온 것이다.

부인 없이 사시는 두 할아버지가 나누는 얘기를 듣게 되었다. 무슨 날이 되어 아들 녀석 집에 갔다 올 때 며느리가 더 계시다가 가시라고 할 때 말만이라도 그렇게 예쁘고 고마울 수가 없단다. 아침도 못 얻어먹고 공원으로 나오신 할아버지는 이런 얘기를 묵묵히 듣고만 계신다. 우리는 아침도 챙겨주지 않는 며느리와 더 쉬었다 가시라고 손을 끄는 며느리가 공존하는 사회 속에서 살아가고 있다는 사실을 알게 되었다. 두 할아버지께서 입을 모아 말씀하신 마지막 대목이 생각난다. "마누라가 있으면 누가 며느리 눈치 보며 밥 걱정했겠냐"고.

아무런 희망과 즐거움 없이 그저 하루하루 생리학적 삶만 살아가는, 그렇다고 임종을 앞둔 환자도 아닌, 겉으론 멀쩡한 사람, 하루 종일 걷기만 하는 것보다, 하루 종일 바둑만 두는 것보다도 정신적 · 신체적 · 사회적으로 움직임이 없는 사람들이 우리가 상상하는 것보다 훨씬 많다. 꿈이 있어야 삶의 의욕을 되찾을 수 있다. 잘 산다는 건 남들 보기에 좋아 보이는 삶이 아니라 자기만의 진정한 삶의 의미를 찾아 나서는 행동이다. 고로 자기 자신을 존중

하고 삶을 낭비하지 말고 하루하루를 창조하여 살아야 참된 삶이라고 할 수 있다.

요즘의 사회는 남성과 여성, 젊음과 늙음을 이분법적으로 나누기 어려운 실정이다. 남자 같은 여자, 여자 같은 남자, 젊은 사람 같은 노인, 늙은 사람 같은 청년들을 주변에서 심심치 않게 목격할 수 있다. 본인이 본인에게 잘해 주는 삶이 과연 무엇인지 다시 한 번 생각하게 된다. 우리는 모든 사람이 자기를 편안하게 받아주는 걸 갈망한다. 그런 사람을 필요로 한다. 메마르고 딱딱한 걸 덮어줄 마음의 숲을 원한다. 나는 그대에게 그대는 나에게 이런 숲이 된다면….

인생의 오후는 퍼팅과 같다?

대부분의 골프대회는 목요일부터 일요일까지 4일간 열린다. 평일에는 낮에 볼 수가 없어 밤에 재방송이나 하이라이트를 통해 당일 경기 결과를 확인하고 주말에는 가급적 생방송으로 시청한다.

우리나라 선수들의 일거수일투족을 살피는 게 우선이지만 현지 방송국에서는 유명선수나 상위그룹을 중심으로 방송하기 때문에 내 바람대로 보는 건 거의 불가능하다. 관심이 많은 골프대회는 시차 때문에 새벽에 일어나 보는 경우가 있지만 국내대회도 직접 현장을 찾는 정도의 골프마니아는 아니다.

90년대에는 집에서 새벽 2시에 일어나 라운딩을 준비하는 일도 다반사였는데 약 10년 전부터는 연습 한 번도 안 하고 골프장에 나가고 있다. 골프에 임하는 태도도 세월이 흐름에 따라 상당히 많이 변했다. 20년 전에는 성적 위주로 경기를 했다면 10년 전부터는 모이는 즐거움, 만나는 기쁨, 뒤풀이 등을 그리며 명랑 골프를 즐겼다. 단 예전이나 지금이나 변하지 않는 것은 골프 약속 시간만큼은 꼭 지킨다는 것이다.

오랫동안 골프를 쳤는데 버디 잡기는 늘 어려웠다. 지금은 가뭄에 콩 나듯 할 정도다. 나이가 들면서 비거리도 짧아지니 스코어

는 늘어나고 상대방 실수가 나의 행복이 되어버렸다. 그러다 보니 티샷과 세컨드샷이 어쩌다 연속적으로 잘 맞았을 땐 머릿속에는 퍼팅 좀 잘해서 버디 한 번 잡아야겠다는 욕심이 치솟는 게 인지상정이다.

그런데 골프로 밥을 먹고사는 프로선수들도 버디 때문에 웃고 울고 하는 건 마찬가지다. 한 타 한 타가 상금과 연결되기에 엄청난 스트레스를 동반할 거라는 동정심마저 생긴다. 우리같이 사교와 재미로 골프를 치면서도 버디 찬스에 임하면 심장이 떨리는데 프로선수들이야 어떻겠는가 상상이 간다. 18홀의 골프경기가 우리네 삶이라면 전반 9홀은 인생의 오전이고 후반 9홀은 오후라는 생각이 든다. 전반에 잘 맞아 성적이 좋을 때는 후반에도 잘 쳐서 베스트 스코어를 내고 싶은 욕심이 생긴다. 전반이 엉망이었을 때는 다 잊어버리고 후반에라도 만회하자고 다짐하게 된다.

그리고 18홀 중 14홀이 파4인데 티샷이 잘 맞았으면 세컨드샷도 잘 쳐서 그린에 잘 올려 버디까지 노리는 게 누구나의 바람이다. 그러나 티샷이 잘 맞았다고 세컨드샷도 잘 맞는다는 보장은 없다. 세컨드샷까지 잘 맞았어도 버디 좀 잡아보려는 욕심에 파는커녕 보기를 하는 경우가 태반이다. 그래서 골프 전체로 볼 때 후반 나인은 인생의 오후에 해당하고 각 홀별로 볼 때는 그린 위에서의 퍼팅이 2교시라는 생각이 든다는 얘기다. 인생의 오전이었던 젊은 시절에는 골프 스코어에 지배를 받았다면 인생의 오후를 맞이한 지금은 내가 골프스코어를 지배하며 동반자들과 함께하는 기쁨을 최고로 추구한다.

친구 녀석이 O.B가 나면 "나이스 O.B!"라고 축하해 주며 벙커에 빠지면 "나이스 벙커!"라고 소리치며 즐거워한다. 이런 마음자세로 골프를 즐기는데 감히 무엇이 나를 지배하겠는가.

매 홀마다 티샷이 잘 맞으면 내 스스로 "굿 샷!"을 외쳐대며 잘못 맞았을 때는 그까짓 것 세컨드샷을 잘 치면 된다고 자위해 버린다. 세컨드샷까지 안 좋을 땐 퍼팅이라도 잘해서 보기라도 하자고 마음먹는다. 그리고 이번 홀이 안 좋으면 다음 홀에 잘 치면 된다고 느긋하게 받아들인다. 이순을 넘은 나이에도 샷 하나하나에 일희일비하며 감정을 드러낸다면 누가 다음에도 같이 치자고 부르겠는가. 다 나이에 걸맞게 행동해야 아름답게 보이고 손님이 떨어지지 않는 법이다.

골프채를 잡은 지 30년이 흘렀건만 아직까지 이글 한 번 해보지 못했고 싱글 스코어도 기록하지 못했지만 3년간 재수가 좋다는 홀인원은 세 번씩이나 챙겼으니 이 정도면 골프의 성인(?)이 되었다고 말할 수 있지 않겠나 모르겠다.

108미리인 홀컵의 지름처럼 우리 같은 중생들은 백팔번뇌 속에 108타 정도만 치면 인생의 4분의 3을 살아온 사람에겐 그리 나쁘지 않은 삶의 성적표라 생각된다. 어차피 죽으면 스코어 카드를 가져가는 것도 아닌데 굳이 일희일비하면서 감정을 드러낼 필요가 있겠는가. 그러나 퍼팅이란 어찌 보면 삶의 마무리라는 의미가 있다. 티샷으로 시작해서 세컨드샷을 거치면서 혹은 남보다 한두 번 더 쳐서 그린을 향하여 달려가는 게 우리네 삶이고 그린에 오르면 깔끔하게 유종의 미를 거두며 백팔번뇌의 모든 걸 홀컵 속으로 밀어 넣는다.

칠순을 넘기자마자 돌아가신 큰 매형께서 60대 후반에 들려주신 말씀이 아직도 머릿속에 강하게 남아 있다. 말씀인즉 “나이가 칠십이 돼가니까 죽는 놈, 병원에 누운 놈, 이래저래 형편이 어려운 놈들이 점점 늘어나다 보니 골프 칠 팀을 구성하기도 어렵더라”고 토로하셨다. 주변에 있는 친구나 지인들이 정신적, 신체적, 경제적, 사회적으로 건강해야 함께할 수 있는 게 골프다. 혼자만 건강하다고 즐길 수 있는 것이 아니란 얘기다. 더불어 건강할 때 같이할 수 있고 재미있는 것이 인생의 오후살이다.

일상의 소중함

몇 년 전 연말에 건강검진을 받는데 대장에 용종이 많다고 큰 병원에 가보라는 진단을 처방받았다. 그래서 이왕이면 재발률이 가장 낮고 시술법이 뛰어나다는 A병원의 B교수를 특진으로 신청했더니 1월 초로 상담일자가 배정되었다. B교수와 상담 후 코디네이터를 만나서 수술일자를 가장 빨리 해달라고 했지만 두 달 후인 3월 초로 결정되었다.

여러 가지 생각이 머릿속을 흘러갔다. 평소에 몸 관리를 좀 더 잘했다면 병원 갈 일이 없었을 텐데, 라는 후회가 들었지만 이내 지워버리고 "이게 어디야, 이렇게 빨리 발견하고 최고의 병원, 최고의 의사에게 수술을 맡길 수 있다는 게"라는 긍정적 사고로 바뀌면서 이번에 병원 갔다 와서는 몸 관리를 더 잘해서 심신이 건강한 노후를 만들어야겠다는 의지를 갖게 되었다.

사람들은 모른다. 음식을 골라 먹을 수 있는 행복의 가치를. 평상시에 공기의 고마움을 못 느끼듯이. 아프면 평상시에 아무 생각 없이 골라먹던 음식도 내 맘대로 먹을 수 없다. 병원에서 허용하는 것만 먹어야 한다. 이렇게 제한을 받다 보니 더 먹고 싶은 게 많고 머릿속엔 온통 먹고 싶은 음식 생각뿐이다. 머리가 복잡하다는 핑계로 한 3개월 동안 매일하던 헬스를 안 했더니 살이 찌고 체력이 약해짐을 느끼면서 헬스를 할 때는 아무것도 아니라고 생각했었는데 지내보니 무척이나 소중한 일상활동이라는 걸 새삼 느끼게 되었다.

아이들이 모두 결혼하고 나서 느낀 경험이 있다. 노는 날 집에 와서 얼굴도 보여주고 밥도 같이 먹는다는 것이 부모에게는 기쁜 일이라는 것을. 집사람은 아이들이 온다고 하면 미리 장도 보고 음식도 준비해서 먹을 거, 싸줄 것을 마련하느라 이삼 일은 바빠진다. 힘은 들더라도 무척이나 보람 있는 일로 받아들이는 눈치다. 그런데 바깥양반인 나도 둘만 있는 썰렁한 집에 두 놈이고 네 놈이고 잠시라도 집을 채울 땐 사는 집 같다는 느낌이 든다. 그러니 29년 전에 돌아가신 우리 부모님은 얼마나 많은 날을 행여 자식들이 손주 녀석 앞장세워 얼굴 디밀기를 하수고대하며 기다리셨을까 감히 짐작이 되는 바이다.

얼마 전에 유명한 아나운서가 TV프로그램에 부인과 함께 초청받아 출연하였다. 노후 보장을 위해 퇴직금으로 받은 돈을 세 차례나 투자했건만 모두 실패해서 거액을 날렸다는 사연을 보면서 10여 년 전 90년대 중반에 벤처 붐이 불었을 때 너도 나도 돈벼락을 맞는 신화를 창조하려고 이곳저곳에 투자하던 시절이 떠올랐다. 이때 나도 시대의 흐름에 동참하게 되었는데 한 번은 주변 사람의 추천으로 개입했다가 결국은 내가 주관하게 되었고, 두 번째는 처음부터 내가 주관이 되어 시작했었다. 결론부터 말하면 둘 다 망했다. 특히 두 번째 벤처사업을 시작할 때는 옆에서 말리는 사람들의 조언이 귀에 들리지 않았다. 심지어 내가 잘되는 걸 시기하는 거라고까지 생각할 정도였다. 지금 생각해 보면 그때 무모한 짓 안 했다면 집이 한 채는 남았을 거라는 생각과 그렇게 안 했다고 하더라도 다른 것으로 깨졌을 것이라는 생각이 교차한다. 실패의 경험이 오랜 기간 쓴 약이 되었지만 그래도 자식들에게 손 벌리고 살 정도는 아니라 다행으로 생각한다.

며칠 전에는 복권을 두 가지나 샀다. 로또를 사러 갔는데 이건 없고 연금복권이라는 게 있어 간 김에 그냥 샀다. 물론 전날에 이어 또 하루를 좋은 꿈을 꾸었기에 그랬다. 노후에 큰 병 없이 건강하게 사는 게 소망이지만 그렇지 못할 경우를 미리 걱정해서 로또라도 붙었으면 하는 마음에 여러 장을 샀고 머릿속으로는 시나리오를 쓰기 시작했다.

옛날 생각이 떠올랐다. 30대 시절, 매일 야근에 술 한 잔 걸치고 버스나 지하철을 타려고 걷다 보면 주택복권을 파는 곳이 눈에 띄었다. 그러면 소주 한 잔 더 먹은심 잡고 이거 사서 당첨되면 쥐꼬리만 한 봉급받기 위해 별을 보고 출근해서 달을 보고 귀가하며 하루 종일 업무 스트레스 쌓는 악순환의 고리를 끊겠다고 소설을 썼던 그 시절! 결과는 다섯 장을 사서 한두 주 쭉 지나면 제로가 되는 게임의 반복이었고 친구들 만나면 우리나라 주택사업에 내가 일조했다고 큰 소리 친 것이 전부였다.

추억은 영원한 자산이라고 하는 이유는 그때그때 연관된 생각이 잊히지 않기 때문이리라. 돌이켜보건대 가족도, 친구도, 건강도, 경제도, 사실은 지금 현재가 가장 좋은 모습인지 모를 일이다.

늘 지나고 보면 "그때가 좋았어"라며 그리워한다. 근대 올림픽 창시자 쿠베르탱은 "삶에서 가장 중요한 것은 성공보다 노력"이라고 했다. 그러나 대부분의 사람들은 과정보단 결과에 치중한다. 결과가 좋게 나타나야 성공했다고 평가하며 기쁘게 생각한다.

나와 나이가 같은 60대 초반의 한 사람은 지금도 총총걸음으로 우유배달을 하며 먹고살고 있다. 다른 한 사람은 소싯적 재테크에 성공해서 부자로 소문나게 살다가 몸에 이상을 느껴 진료 받으러 갔다가 유명 대학병원 특실에 드러누워 한국 최고의 의료진으로부터 매일 특진을 받고 있다. 아들, 딸, 며느리, 사위가 번갈아 문병을 오지만 그들이 돌아가고 나면 뭔가 허전해 밤마다 제대로 잠들지 못한다. 지금 누가 더 행복하고 무엇이 중요한지 설명을 필요로 하지 않는다.

어느 조직에서나 사람 간에 갈등은 늘 존재하기 마련이다. 상사로부터 스트레스를 받는 부하직원은 친구들과 소주 한잔 기울이면서 버릇처럼 내뱉는 말이 있다. "막말로 계급장 떼고 붙어보면 별 볼일 없을 텐데 완장 좀 찼다고 하인 부리듯 눈에 불을 켠다"고 지금 이 순간의 불만을 토로한다. 그러나 이런 불만도 훗날 본인이 상사 자리에 앉아보면 그게 아니었다는 사실을 뒤늦게 알게 된다. 이런 저런 과정을 거쳐 지름길을 놔두고 항상 낮은 곳을 향하여 흐르는 물처럼 인생의 뒤안길을 맞이하게 된다.

어릴 적 노닐던 제1한강교 밑을 흘러간 과거는 돌이킬 수 없기에 애틋함과 애처로움, 아쉬움이 많이 남는다. 로또에 당첨되어도 행복감을 느끼는 기간은 최장 6개월이라는 연구 결과를 보면서 과거와 현재, 미래가 똑같은 성적순으로 이어지지는 않는다는 걸 생각하게 된다. 과거에 무쇠처럼 튼튼했던 친구가 술 한 잔에 혀가 꼬이는 모습을 보면서 세월 앞에 장사 없다는 옛말이 또렷하게 떠올랐다. 학창시절에 그렇게 부자였던 집이 산산조각이 나서 음지에 숨어 산다는 소문에 부불삼대(富不三代)라는 사자성어가 생각난다.

죽음과 함께 사라질

"무엇이든 소유하려는 욕심,
무조건 성공하려는 집착,
상대방을 이겨야 한다는 강박감,
나밖에 모르는 이기심,
그동안 쌓아놓은 모든 재산"

등 모든 게 무용지물이 된다.

40대 후반에 출가한 어느 스님은 동국대학교에 본인의 전 재산 6억 원을 기부했다. 자동차, 휴대전화, 인터넷, 신용카드 없는 삶을 고수해 4무(無) 스님이라는 별칭을 얻었다. 이 스님은 이미 죽음과 함께 사라질 모든 걸 버리고 살아가고 있다.

영국의 경제학자 케인즈가 남긴 말이다. "In the long run we all dead(결국 우리는 죽는다)."

죽기 전에 좀 챙겨야 할 것들?

남을 도우려는 봉사정신과 실천,
다하지 못했던 사랑 베풀기,
마음을 활짝 열고 어려운 이웃의 고민 들어주기,
돈보다 소중한 것들 찾기…

신부님 안녕하세요?

조그마한 동네 공원 한구석에 어르신들이 즐기는 게이트 볼 경기장이 있다. 아침마다 할아버지와 할머니들이 모여 이야기도 나누고 벤치에 앉아 구경도 하고 운동도 하는 곳이다. 그래도 여기에 나오시는 분들은 행동은 늦지만 허리도 꼿꼿하고 건강이 괜찮아 보이는 편이다. 요즘은 전기로 작동하는 휠체어가 많이 눈에 띈다. 거동이 불편하신 노인도 있고 무슨 사고를 당했는지 모르겠지만 사오십대의 젊은 사람도 자동차를 운전하듯 동네 구석구석을 편하게 다닌다.

또 하나 흔히 볼 수 있는 광경은 허리가 굽은 할머니들이 유모차를 지팡이 삼아 총총걸음으로 다니면서 폐지도 줍는다. 그런데 값이 꽤 비싸다고 알고 있는 전동 휠체어를 타고 종이박스나 깡통, 플라스틱 폐품을 수거하는 할아버지를 골목길에서 만났는데 쓰레기를 내놓은 길모퉁이를 모조리 훑고 다니는 것이었다.

그리고 우연히 그날 밤 TV를 통해 한국의 실버세대에 관한 프로그램을 시청하게 되었다. 서울의 탑골공원이나 인근의 공원에 많은 노인들이 아침부터 모여들어 하루하루를 무료하게 보내는 광경이었다. 캠핑용 간이 돗자리를 땅바닥에 깔고 바둑이나 장기를 두는 분, 삼삼오오 둘러앉아 안주거리도 없이 생소주를 드시는 분, 멍하니 앉아 계시는 분, 외국인의 춤 공연을 물끄러미 무표정하게 구경하시는 분 등등 각양각색의 모습을 보여주었다.

방송국 PD가 인터뷰를 하는데 대부분 용돈이 없어 무료 급식으로 점심을 해결하고 무료한 시간을 보내기 위해 이곳에 모였다고 한다. 자식이 몇이나 있어도 단돈 10원도 보내주는 놈이 없다고 신세를 한탄하는 노인도 있었다. 그리고 대부분의 노인들은 대선기간 공약사항인 기초연금 월 20만 원을 왜 안 주느냐는 불만을 성토하였다. 어떤 분은 친구와 둘이 젊은 사람들의 출근시간을 피해 무료 전철에 몸을 싣고 천안 쪽으로 갔다가 편의점에서 1,300원짜리 빵 하나를 사서 점심으로 끼니를 때우고 다시 올라왔다.

1988년 1월 1일부로 국민연금법이 제정 시행되어 사반세기 이상 불입해야 했던 우리 세대와 비교해 볼 때 정말 처참한 노후를 맞이하고 있는 칠팔십대 노인들의 실상을 적나라하게 알게 되었다.

옛날 부모님 세대는 모든 걸 희생해서 자식을 키우는데 쏟아 부었지만 그래도 노후에는 며느리가 해주는 밥상을 받고 대가족 속에서 외롭지 않게 지냈다. 그러나 요즘의 노인들은 인생의 마지막 수업시간에 텅 빈 교실에 홀로 남게 되었다. 요즘 주변에 양심 있는 자식들의 권유 또는 본인들의 냉철한 판단으로 살고 있는 집을 은행에 맡기고 매월 생활비를 지급하는 주택연금제도에 가입해서 노후의 마지막 단계를 해결하는 노인들이 늘어나고 있다. 깊은 고민 끝에 현실과 타협한 결과지만 이런 분들은 그래도 형편이 나은 측에 속한다.

옛말에 내리사랑은 있어도 치사랑은 없다더니 정말 딱 들어맞는 것 같다. 자기 자식밖에 모르고 부모님 봉양은 서로 나 몰라라 하는 시대가 된 것이다. 그러니 동네 공원에서 게이트 볼을 즐기시는 노인들은 몸과 마음이 편안한 계층이라고 해도 과언이 아닌 것 같다.

자식 눈치 안 보고 자식에게 손 안 벌리고 형편에 맞게 살면서 몸 관리하는 모습이 더 아름답게 보이는 것은 이제 10여 년 후면 나도 이분들의 처지가 될 것이라는 생각을 잠시 하였기 때문이리라. 그런데 한 할머니가 게이트 볼 경기장 밖으로 나오시며 "신부님 안녕하세요?"라며 반갑게 인사를 건네시는 게 아닌가. 나는 내 뒤에 신부님이 따라오는 줄 알고 뒤를 힐끔 돌아보았으나 아무도 없었다. 그제야 눈치를 채고 웃으면서 "할머니! 저는 신부님이 아닌데요"라며 총총걸음으로 그곳을 벗어났다. 아마도 내 머리 스타일과 복장이 순간적으로 할머니 눈에 그렇게 보였을 것이다. 그래도 깨끗하게 살아가는 신부님 모습으로 착각 받으니 기분이 나쁘진 않았다. 얼마 전에는 택시를 탔는데 기사양반이 “교수님 아니세요?”라고 묻기에 “왜 그렇게 보세요?”라고 반문한 적이 있었는데 그때도 기분이 나쁘지 않았던 기억이 떠올랐다.

육십갑자가 한 바퀴 돌고 나서 이제부터 어떻게 살아갈까를 고민하고 있는 요즘에 10여 년 선배 되는 노인 분들의 살아가는 현실을 보며 인생 후반부인 지금부터 삶의 질을 어떻게 관리할 것인가라는 숙제를 부여받은 기분이다. 어떻게 하면 건강한 몸과 마음으로 자식들로부터 옹호 받으며 하루하루를 재미있고 보람 있게 살 것인가를 생각하면서 지금부터라도 뭔가를 새롭게 시작해야겠다는 결심을 다지게 된다. 지금까지 인생의 1교시를 이럭저럭 큰 무리 없이 살아왔다고 하더라도 누구도 나를 대신해서 2교시를 이끌어주지는 않을 것이니 삶의 주인공인 스스로가 인생은 생방송이라는 엄연한 현실을 즉시하며 프로그램을 다시 짜고 탑골 공원의 노인들처럼 되지 않기 위해 길게 갈 수 있는 42.195의 종합 대책을 강구해야겠다.

황혼에도 밤하늘의 별은 반짝이며 동해의 아침 태양은 다시 떠오른다.

그래! 이제부터 다시 새로운 공부를 시작하는 거야. 무한한 가능성을 열어놓을 삶을 창조하기 위하여!

정리정돈의 지혜로움

몇 년 전, 신문을 통해서 일본에서는 돌아가신 분의 유품을 정리해 주는 사업이 성행한다는 걸 접하였다.

그리고 얼마 후에는 TV를 통해 홀로 살다가 돌아가신 할아버지의 유품을 정리하는 모습을 보면서 부모와 연을 끊고 살아가는 자식들의 무정함을 뼈저리게 느꼈다.

전통적으로 가족이란 개념은 한 지붕 아래서 얼굴을 맞대고 사랑을 나누며 같이 사는 사람들이라고 인식되었으나 시대가 변하여 자식들이 독립해 살면서 여러 가구로 쪼개지게 되었고 이러다 보니 늙은 부모님은 배우자가 돌아가시면 도리 없이 혼자 기거하는 상황을 접하게 되었다. 우리 주변에도 자식들이 부모님 모시는 일을 서로 기피해 결국 죽기 전까지 나 홀로 살다가 변을 당하게 되는데 이웃집이나 친구가 먼저 발견하여 신고하는 경우가 많다. 유품 정리를 대행하는 업체 직원은 남겨진 앨범이나 편지, 은행 통장을 보면서 돌아가신 분의 마지막 삶의 모습을 그리며 씁쓸하고 안타까움만 가슴에 담고 간다고 했다.

우리나라에 얼마 전부터 집안 살림을 정리정돈해 주는 신종 사업이 생겼다고 한다. 엄마 아빠가 자기 손으로 정리정돈하는 걸 엄두도 못 내고 전문업체에 의뢰한다는 것이다. 정리정돈의 첫 번째는 과감하게 버리는 것인데 소유자인 본인은 그걸 그리 쉽게 결심하지 못하기에 남의 손을 빌려 처분하는 모양이다.

요즘엔 신체의 일부가 된 휴대폰도 잘못해서 분실하게 되면 연락처를 다른 곳에 기록해 놓지 않아 연락이 두절되는 상황이 자주 발생한다. 이럴 경우에도 사전에 정리를 잘해 놨으면 크게 당황할 일이 아니건만 대부분의 사람들은 유비무환의 습관이 안 되어 소 잃고 외양간 고치기가 된다. 사무실을 이전할 때도 책상서랍이나 문서함을 열어보면 필요 없는 자료나 물건이 자리만 잔뜩 차지하고 있다가 버려진다. 결국은 평소에 정리정돈하는 습관이 몸에 배어 있지 않기에 사후에 큰 불편을 초래하는 것이다.

물건만 그런 게 아니라 업무처리도 그렇고 삶을 관리하는 태도도 마찬가지다. 중간중간 한 번씩 정리하면 개운해지는 걸 귀찮아서 자꾸 미루게 되면 복잡한 상황에서 실수도 많아지고 타인으로부터 신뢰도 떨어진다.

90년대 초 일본에 출장을 갔다가 자동차 정비공장을 방문한 적이 있다. 하얀 벽에 노란 페인트로 각종 정비공구 모양을 그려놓고 작업자가 사용하고 나면 그 자리에 쉽게 걸도록 표시해 놓았다. 우리나라는 정비시간보다 정비 공구를 찾느라고 허비하는 시간이 더 많은데 말이다. 그러니 정비공장 안은 늘 청결하고 정리정돈이 잘되어 있어 고객도 믿음이 가고 직원도 불편함 없이 필요한 공구를 바로 쓸 수 있었다.

그래서 선진국은 뭐가 달라도 다르다는 걸 느꼈다. 고민이 많은 사람들의 공통점은 주변 정리를 과감하게 못하고 산다는 것이다. 그때그때 결심할 건 결심해서 끝장을 봐야 미결업무가 누적되지 않는데 계속 결단을 못 내리고 진행 중으로 남겨놓으니 머릿속이 복잡할 수밖에 없다.

많은 사람들이 말한다. "욕심을 내려놓기가 쉽지 않다"고. 하나라도 더 소유하고 싶어 버리는 게 더 어려워진다. 하나씩 내려놓기 시작하면 머리가 정리되고 주변이 깔끔하게 정돈된다. 정리정돈이 잘되면 관리 대상이 줄어든다. 관리 대상이 줄면 다른 일을 신속하게 마무리할 여력이 생긴다. 그렇게 하다 보면 질질 끄는 일이 없어 주변에서도 그 사람 참 깔끔하다는 평가를 하게 된다.

어느 종교 지도자처럼 무소유의 행복이 뭔지는 정확하게 알지 못하지만 나이가 들면서 어느 정도 감은 온다. 가지 많은 나무에 바람 잘 날 없다고 하지 않던가. 부모가 가진 재산이 많으면 자식들이 싸우는 일이 많다고 하는 이유도 이해가 되는 대목이다.

삶에 있어 정리정돈은 매우 중요하다. 그중에서도 제일 어려운 게 마음의 정리다. 특히 욕심을 자제하고 항상 주변을 깨끗이 하는 것이 정신적 건강에 큰 도움이 되며 더 나아가 신체적, 사회적 건강을 증진시킨다. 복잡하게 얽힌 인간관계에서 욕심을 내리고 상대방에 대한 배려를 먼저 생각하면 머리가 맑아진다.

똑같은 크기의 집도 공간이 넓게 보이기도 하고 좁아 보이기도 하는 것처럼 한평생을 사는 것도 같은 이치다. 욕심을 잘 절제하면 그만큼 여유로운 공간이 생긴다. 그 공간에는 웃음과 기쁨, 행복함이 신선하게 채워진다. 정리정돈은 화장실에 가서 속을 말끔하게 비우는 것과 같다. 속을 비우면 맛있는 걸 새롭게 섭취할 수 있는 기회가 생긴다. 사무실을 정리만 잘해도 약 30%의 사용 면적을 줄일 수 있단다. 살아가는 동안 주변 정리를 습관적으로 잘하면 여러 가지로 그에 비례한 여유로움을 보너스로 받을 수 있다.

내일 죽을지라도 오늘 이발을 깨끗이 한다는 자세로 일상을 관리하면 모든 게 밝아지고 맑아진다. 조물주가 인간에게 주는 선물을 기쁘게 받을 수 있도록 습관을 들이는 것이 지혜로운 삶이라고 생각한다.

2부

시(詩)

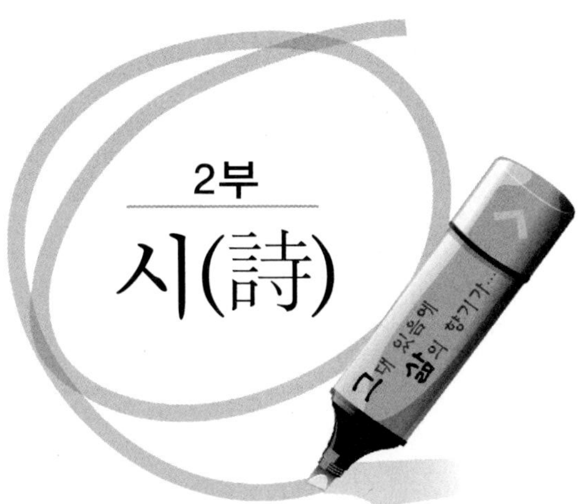

뭍바위

나는 그대를 향해
  달려가는 파도
그대는 파도를
  기다리는 뭍바위
그대는 신이 주신 선물!
나는 그대의 삶의 향기!

나는 그대를 찾아
  헤매는 눈동자
그대는 반짝이는
  밤하늘의 별
그대는 신이 주신 선물!
나는 그대의 삶의 향기!

쏘나기가 되어

오랜만에 비가 뿌린다

굵은 빗방울에 날개를 달고
뚜~두~둑~ 유리창을 두드린다

그대가 창문을 여는 순간
나는 소나기가 아닌 쏘나기 되어

그대의 얼굴에 쏟아부을 거야

오 나의 끈질긴 인연이여!

무얼 그리 담고 사나?

언제는 내 거라고 손잡고 활보하더니
지금은 모른 척 스쳐보며 지나간다

언제는 모든 거 다 준다고 해놓고
지금은 그때랑 지금이랑 같냐고 한다

언제는 무덤까지 같이 간다고 하더니
지금은 언제 그런 말 했냐며 눈을 부릅뜬다

어젯밤 천둥번개 벼락 치며 퍼붓던 빗줄기는
맑디맑은 얼굴로 오늘 아침 내민다

사랑과 분노는 동전의 양면인데
무얼 그리 담고 사나?

가을맞이

어차피 만나게 될 가을이라면
여름이 끝나기 전에
만날 준비를 해야겠습니다
빈손으로 손님을 맞이할 순 없잖아요.

머릿속은 깔끔하게 단장하고
가슴속도 넉넉하게 덥히고
양손엔 사랑바구니 들고
인생의 가을 문을 두드리겠습니다.

나무 그늘 아래서

쏘나기다.
우산도 없다.
그냥 뛴다.
나무 그늘 밑에서 일단 숨을 고르며 피한다.

쏘나기가 그친다.
아무런 생각 없이 다시 걷는다.
나무 그늘 밑을 지나간다.
굵은 물방울이 우두둑 머리에 떨어진다.
방금 친구한테 연락이 왔단다.
“싸가지 없는 놈!
한 마디 고맙다는 말도 없이 매정하게 떠난 놈!
알밤 한 대 먹이라”고.

옛 친구

장마철 비구름 아래
와불처럼 길게 드러누운 관악산이
오늘따라 편안해 보인다.

높디높게만 보이던 관악산이
고개 숙여 얼굴 감추니
다시 돌아온 옛 친구처럼 느껴진다.

2015년 8월

가을이 온다고
은행잎이 떨어지며
내 머리를 스친다

유난히도 끈적거렸던
2015년 8월
여름이 떠날 채비를 서두른다

혼자만 훌쩍 가을로 가지 말고
한 달 내내 같이했던
천식도 꼭 데려가거라!

돌아가는 삼각지

1966년 배호가 불렀던 돌아가는 삼각지에는
63빌딩처럼 높았던 용산소방서 망루와
여의도 광장처럼 넓었던 용산초등학교 운동장이 있었지

같은 동네 형이 공기총 들고 집을 나서면
꼬마 녀석들은 뒤를 졸졸 따라다녔고
땅에 떨어진 참새는 도톰하고 꽤 커서 두 손으로 쥐었지

50년 전 행길 한복판으로 달리던 전차는 가고
지금은 땅속 깊은 곳으로 지하철이 다니는
내 고향 삼각지 로타리

소방서 망루는 너무 낮아 보이고
학교 운동장은 너무 좁아 보이는데
참새도 이렇게 작은 줄 몰랐었네

버리는 승리

일그러진 상으로
종업원이 찾는다

또 터졌구나 생각하며
잽싸게 달려가
무조건 사과한다

"정말 사장 맞아?"
"예, 제가 주인입니다. 죄송합니다"
자초지종을 털어놓던
손님이 자지러진다

주인임을 버리고
종업원처럼 일하는 모습에
오늘도 횟집은 북적인다

정직한 추억

꼭 사십 년 전
첫눈이 오면
명동 보난자 다방에
모이기로 했던 연극단원들

두 시간이 넘도록 기다렸지만
아무도 나타나지 않았다
정직한 사기한(詐欺漢)처럼

딱 한 번 공연했던 그 연극 제목같이
평생 한 번도 지켜지지 않았던 약속이었지만
어젯밤 첫눈에
또렷한 추억으로 다시 다가왔다
마음속에만 존재하는 기다림처럼

낙엽은 우리네 삶

낙엽은
나에게 무얼 그리 많은 생각을 전하려
또다시 찾아왔을까

낙엽은
연인이 떠나며 건네준 손수건인가
어머니가 깔아주신 솜 이부자린가

낙엽은
젊음이 지나간 흔적인가
황혼의 아름다운 발자취인가

낙엽은
또 한 해가 간다고 표시한 달력인가

낙엽은
풍요로움의 상징인가
쓸쓸함의 추억인가

낙엽은 우리네 삶!

뫼

이별은 싫어!
아쉬움이 남잖니
사랑도 싫어!
뒷감당이 어렵잖니

나 죽거든
사랑과 이별의 종착역에 묻지 마라
먼지가 되어
정처 없이 날아가련다

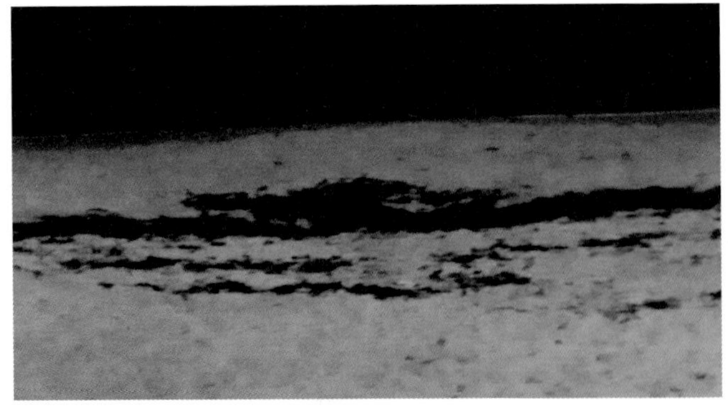

사랑의 짐꾼

배낭을 메고 앞장서서
산에 오르는 여자는
어깨엔 카메라 가방도 걸쳤다

카메라를 목에 두른 남자는
연신 셔터를 눌러댔다
사랑의 짐꾼이 시키는 대로

배낭 속엔
사랑을 가득 채웠고
카메라 속엔
하얀 추억을 남겼다

드리움

아침 햇살이 살며시 찾아와
등 뒤에서 왼쪽 뺨을 덥히고 있네

깊은 밤 하얗게
서재에 홀로 앉아
책장을 넘기는 남편에게
인삼차 한잔 건네는
아내의 모습처럼

햇살은 얼굴도 드러내지 않은 채
그저 온몸으로 나를 감싸준다
언제나 변함없이!

잊혀진 길

오랫동안 그리다가
이제야 다시 가니
오가는 사람 없어
뭉겨진 오솔길

없어진 길을 내려
낙엽을 짓밟으니
어렴풋이 열리네

두 발로 찾아야만
잊혀진 길 소생하네

비석이 되어

청계산 자락에
우뚝 솟은 돌기둥

죽은 자는 말 없는데
산 자가 낯낼라고
호화 비석 되었네

생전에나 질하지
무얼 그리 생색내나
돌기둥도 피곤하게

비가 내리는 아침에

한 시간도 넘게 조간신문 뒤척대다가
돋보기 잠시 내려놓고
벽시계 바라보니
아홉 시 반 가리킨다

창밖을 내다보니
막걸리에 파전 생각나는 날씨
지금 당장 한 잔 해도 어울릴 분위기에
누굴 부를까 머리 굴리지만
아침이 시간의 굴레다

겨울 담벼락

소문난 식당 가거들랑
주방 가까이 앉지 말고
결혼 앞둔 상대와는
코를 맞대지 마라

너무 훤히 보이면 실망하니
좀 떨어지는 게 낫고
아쉬움과 궁금증은
담벼락이 가늠한다

햇볕은 가리지만
찬바람은 막아주는
겨울 담벼락이 좋다

그대가 바뀐 것이다

사계절이 때를 맞아 찾아와도
심간(心肝)은 변하지 않는다
계절만 바뀔 뿐이다

산은 변하지 않는다
품고 있는 나뭇잎만
옷을 갈아입을 뿐이다

비가 오나
눈이 오나
바람 불어도
왔다 갔다 하지 않고
그 자리를 지킬 뿐이다

인간은 수시로 변한다
너무나 창피해서
변함없는 산을 찾아
또 용서를 빈다

엄마의 사랑

김치 공장장은 힘들단다
늘 세 집 먹을거리 장만하느라

그래도 그게 싸단다
아이들 모두 건강하니까
아이들 모두 결혼했으니
아이들 모두 일하니까

엄마는 늘 행복하단다
밤늦은 전화에도
토요일 아점에도

보일 수 없는 얼굴

수면 아래 물고기가
세상 밖으로 나오는 걸
편편찮게 생각하는 건
그리움이 넘쳐도
내밀 수 없는 얼굴 때문이다

세상 밖이 궁금하고
숨기는 삶이 아쉬워도
가슴속 깊이 자리 잡은 사랑을
남몰래 지켜주고 싶어

화가 난 폭설

모두 숙여라!
길을 걷는 사람들아

모두 물러서라!
신호등 앞에서는

숙이지 않으면 벌렁 자빠지고
물러시지 않으면 눈탕물 튄다

폭설이 내릴 땐
고개를 숙이고
한 발짝 물러서라
험난한 세상길도
숙이고 물러서면
모든 게 용서된다

발자국 소리

어느새 삼십 년이 훌쩍 넘은 마누라
아주 오래된 자동차 엔진처럼
목소리만 높디높다

밤하늘에 빛나는 별들을 만들고자
칠흑 같은 어둠을 자처해 온 당신은
이젠 발자국 소리만 들어도
어느 별이 귀가하는지 알지요

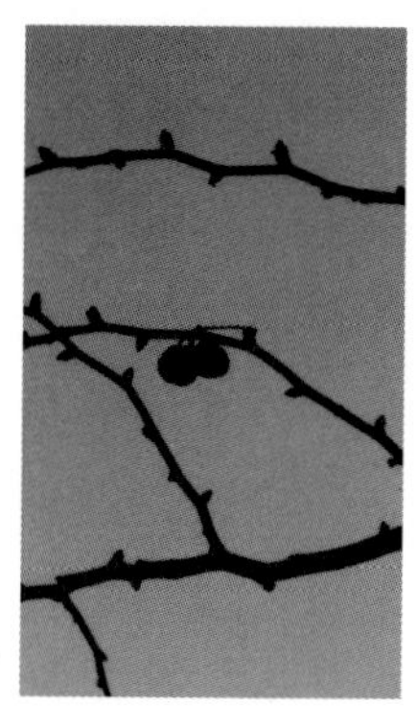

길을 다시 찾아서

오랜만에 다시 찾은
인적 드문 오솔길
사무치는 외로움에
얼굴을 감추었네

옛 추억 더듬어
낙엽을 밟으니
다시 열린 길 위로
반가움 내미네

님!

만국기가 신나게 펄럭인다
주인 만난 강아지 꼬리처럼

강풍에 몸을 실어
맘껏 존재감 드러낸다

가끔가끔 찾아와
외로움을 씻어주는 님!

뒤늦은 겨울비에
거칠게 다가와도
내 삶은 더 영근다

아버지의 사랑

밤나무 열매는
작년에도,
금년에도,
변함없이
그 자리에 떨어졌다

말씀을 아끼셨던 아버지처럼
해마다 이맘때면
넉넉하게 밤만 떨어뜨렸다
소리 없이 사랑만 보내주셨다

아내는 그 사랑을 듬뿍 넣어
밥을 짓고
나는 그 사랑을 입에 담는다

이젠 내가 밤나무가 되어
말없이 열매만 떨구고 있다

첫눈이 내리면

그대 그리고 나
내 마음은
주인이 둘이다

그대가 주인일 때
나를 보듬어주고
내가 주인일 땐
그대를 헤아려준다

그리움이 밀려오면
그대가 찾아오고
외로움이 스며들면
내가 찾아간다

첫눈이 내릴 땐
쌍둥이가 되어
둘이 같이 찾는다

발걸음

385미터의 모락산과
475미터의 수리산이
창문 밖으로 보인다

근데 작은 놈이 더 높아 보인다
모락산은 앞집에 사는 형님이고
수리산은 돌아가신 부모님인가

모락산은 심심찮게 오르지만
수리산은 어쩌다가 한 번씩 찾는다

무 지

내려갈 거

왜 올라와

힘들게.

그냥 있지.

그래두

그게 아니지.

뭐가 뭔지

모르겠네.

겨울 바닥

눈이 쌓이면 하얀 옷 두껍게 입고
강추위 찾아오면 빙판이 된다
따사로운 햇볕은 몇 날 며칠을
서두르지 않고 조금씩 얼음을 벗겨내고
비가 내리면서 검은 길바닥은
맨 얼굴을 드러낸다
우측 담벼락의 담쟁이는
골목길의 이런 삶을
꿋꿋하게 지켜보고 있지만
인생의 바닥은 모르고 살아간다

한 잔의 갈망

아~멘!
아~멘!
아~, 아~, 아~, 아~멘!
아무튼 걸리소서
그래야 걸치니까

문자를 보내고
답신을 기다리며
자꾸만 눈이 가네
핸드폰으로

누군가 적적할 때
이 마음 헤아려
구세주가 되소서

하얀 사랑

무슨 걱정 그리 많아
하얀 눈물 흘리시나

웨딩마치 못해 주어
하얀 카펫 펼치시나

십구공탄 꺼졌다고
하얀 이불 까실러나

생전 모습 부끄러워
하얀 얼굴 감추시나

눈이 또 내리네
부모님의 하얀 사랑이

굴레여!

그곳은 잠시 머무를 수 있어도
영원히 기대지는 못한다

사람들은 그래도 계속
정상을 향해서만 올라가려 한다

때로는 뒤도 돌아보고
바위에 걸터앉아 숨을 고를 필요도 있는데

무엇이 우리를 앞만 보고 달리게 하는가
굴레여!
너도 잠시 쉬어라

피뢰침

12층 옥상 꼭대기에 홀로 서서

천둥번개 치면

온몸 받쳐 막아내고

늘 외롭게 하늘만 보며

곧은 자세로 경비 근무 서는 피뢰침

돌아가신 부모님처럼

내리사랑 있어도

치사랑은 없다더라

산처럼

내가 보는 산과
남이 보는 산은
같을 수도 있고
다를 수도 있다

산은 늘 그대로인데
아름답게 느껴지기도 하고
추워 보이기도 하고
무서울 때도 있다

인간의 마음이 변할 뿐이지
친구처럼 나를 기다리는
산은 늘 그대로 있다

부모님의 마음

너는
너의
부모님을
기억
하라

개구리
올챙이 적
모른다

일요일 아침 길

일요일 아침 길은
　밤새 떨어진 은행알이
　　편안하게 누워 있는 길

일요일 아침 길은
　오른쪽 개천 길은 쉬지 않고 흐르지만
　　왼쪽 공장 길은 온종일 잠자는 길

일요일 아침 길은
　공해에 찌들었던 하늘도 하루 쉬고
　　관악산이 또렷한 얼굴을 내미는 길

일요일 아침 길은
　빠알간 고추가 벌렁 누워 태양욕 만끽하고
　　칠순 노인이 노래 부르며 걷는 길

일요일 아침 길은
　다음 주 만날 사람 그려보며
　　고독함을 즐기는 기분 좋은 길

삶의 티

좁쌀만 한 돌멩이 하나가
사나이 대장부의 가던 길 멈추고
머리를 조아리며 신발을 벗게 한다

모래 부스러기만 한 티 하나로
사나이 대장부가 눈물을 흘린다

신발끈 아무리 동여배고
완벽한 눈꺼풀이 골키퍼로 지켜도
삶의 티 하나쯤이 사랑스럽다

시련의 끝은?

모진 비바람에 나무뿌리 강해지고

돌부리 만난 시냇물은 노래 부르고

바람에 날린 민들레 홀씨가 꽃을 피우고

혹독한 추위에 나이테는 촘촘하고

모진 시련 끝엔 깊은 사랑 남는다

떨어지는 나뭇잎

나뭇잎이 하나아 두우울 떨어진다.
나뭇잎이　하나　두울　떨어진다.
나뭇잎이　　하낫　　둘　　떨어진다.
시월의 마지막 밤에.

나뭇잎은 모른다.
빨리 떨어지는지 늦게 떨어지는지.
시월의 마지막 밤인지 십일월의 첫날 밤인지.

그저 세월만 떨어뜨린다.
갈수록 빠르게

글을 닫으면서…

실존이라는 뜻의 exist라는 영어 단어는 "밖(ex)+있다(ist)"로 구성되었다고 한다. 인간은 어머니 뱃속에서 밖으로 나오면서 출세라는 단어처럼 세상에 존재한다고 말할 수 있다.

다섯 번째의 외출은 『그대 있음에 삶의 향기가…』를 따라 내 마음속의 생각을 새롭게 정리하는 여행을 즐겼다. 음악, 미술, 영화와 마찬가지로 문학도 밖으로 보여야만 존재하는 것이다.

만 13년간 5권의 글을 쓰는 동안 나의 삶은 죽지 않고 살아 움직였다. 아니 살아 있었기에 글을 쓸 수 있었다. 무표정하게 사는 것보다는 세상을 관심 있게 들여다보며 느끼는 심정을 그냥 흘려버릴 수도 있었겠지만 나는 그릇에 담아 남기고 싶었다. 늘 부족함을 느끼지만 그래도 계속, 그냥 쓰고 싶어 썼다.

모두가 그대들이 존재함에 가능했다.

이기수

노을빛 유럽을 가슴에 담다

노을빛 유럽을 가슴에 담다

초판 1쇄 인쇄 2014년 6월 20일
초판 1쇄 발행 2014년 6월 25일

글 김교희
사진 권혁진
펴낸이 金泰奉
펴낸곳 한솜미디어
등록 제5-213호

편집 박창서 김수정
마케팅 김명준
홍보 김태일

주소 143-200 서울시 광진구 구의동 243-22
전화 (02)454-0492(代)
팩스 (02)454-0493
이메일 hansom@hansom.co.kr
홈페이지 www.hansom.co.kr

값 13,000원
ISBN 978-89-5959-395-8 (03980)

노을빛 유럽을 가슴에 담다

글 김교희
사진 권혁진

한솜미디어

두 번째다. 2011년 발칸을 다녀와서 주체할 수 없는 감동으로 책을 낸 후. 많은 사람들이 유럽을 여행하고 나름대로의 느낌과 생각을 글로 적어 출판된 책들이 수없이 많다. 나도 그런 부류 중 한 명이 되고 싶어 다시 펜을 들었다. 같은 장소에 갔을지라도 느끼는 것은 각양각색일 테니까.

우리나라 여행객 중 유럽을 다녀온 사람들이 20%를 넘지 않는다고 한다. 이유가 무얼까? 유럽을 다녀올 경제적 여력이 충분하지 않아서일까, 아니면 의외로 유럽을 모르는 사람들이 많아서일까. 그런데 흥미로운 사실은 그 20%에 속하는 사람들이 가고 또 간다는 얘기다. 어느 정도는 맞는 말인 것 같다. 고기도 먹어본 사람이 먹는다고….

유럽을 다녀온 20%가 보면 별 시답지 않은 내용이라 하겠지만, 가고 싶어 하는, 아니 앞으로 갈 80%에게 내가 느낀 유럽을 진솔하게 전달하고 싶다.

대다수가 알고 있는 나열된 정보가 아닌, 나와 함께했던 그 시간, 그 장소, 그 순간을 기억하며 마음에 고이 담아둔 이야기를 펼쳐본다.

노을빛 유럽을 가슴에 담다

2013. 07. 24~2013. 08. 08(15박 16일)

개선문

타워 브리지

피렌체

라인강

바티칸

콜로세움

피사

로텐부르크

영 국
런던
2013.07.24
암스테르담
네덜란드
독 일
브뤼셀
벨기에
프랑크푸르트
파리
2013.08.08
로텐부르크
룩셈부르크
하이델베르크
퓌센
오스트리아
디종
루체른
인스부르크
스위스
인터라켄
프 랑 스
베니스
밀라노
피렌체
제노아
피사
모나코
니스
이탈리아
로마
스 페 인
나폴리
(카프리)
폼페이
소렌토

2013년 7월 24일(수요일)/여행 첫째 날

여행을 떠날 각오가 되어 있는 자만이 자기를 묶고 있는 속박에서 벗어나리라.

– 헤르만 헤세

드디어 프랑스 남부와 베네룩스 3국을 향한 여정이 시작되었다. 23일인 어제 UK(United Kingdom) Royal Baby 탄생으로 런던에 세계인의 관심이 쏠렸다. 엘리자베스 영국 여왕이 증손자를 본 것이다. 참, 복도 많은 사람이다. 그런데 찰스 황태자는 언제 왕위에 오르려나!

일주일 전에 샌프란시스코 공항에 착륙하던 아시아나 보잉 777 기종 사고가 있었던 터라 같은 기종을 타고 가야 하는 나로서는 비행기 공포에 가슴을 졸이게 된다. 요즘 들어 크진 않지만 소소한 비행기 사고가 심심찮게 일어난다.

아침 일찍 남편과 서둘러 공항으로 나갔다. 이번에 우리 팀을 인솔할 가이드는 최○○ 과장이다. 전에 펴낸 발칸 책을 선물했더니, 많이 좋아한다. 마침 스크린 앞자리가 비어 있어서 우리 부부에게 좌석이 돌아왔다. 최 과장, 고마워요.

기대 반, 두려움 반으로 12시간 비행 끝에 런던 히드로 공항에 도착했다. 초고속 LTE가 속도 경쟁을 하는 시대인데 어떻게 영국은 시간이 거꾸로 가는 것 같다. 히드로 공항은 마치 80~90년대 김포공항 수준이랄까? 입국수속도 어쩜 그렇게 아날로그인지. 뚱뚱한 아줌마가 허스키한 목소리로 줄을 세우느라고 바쁘다. 인천공항이 세계적인 허브공항임에는 틀림없다.

공항에서 10분 거리에 있는 아담하고 조용한 ST. GILES 호텔에 도착했다. 서머타임을 적용해서 그런지 밤 9시인데도 환하다. 최 과장이 배정해 준 213호에 이미 한국인 투숙객이 자리 잡고 있어서 덕분에 우린 트리플 베드가 있는 좀 더 큰 방인 402호에서 런던의 밤을 맞았다.

최 과장은 시차 적응을 위해 잠이 오더라도 10시 이후에 자란다. 내일은 유럽의 귀족인 런던 시내 관광이 기다리고 있다.

우아하게 차려입고 나가야겠다. 내일을 위해 영국에서의 첫날밤을 꿈속에서 느끼자.

7월 25일(목요일)/여행 2일째

_ 런던

여행은 인간을 겸손하게 만든다. 세상에서 인간이 차지하는 영역이 얼마나 작은 것인가를 깨닫게 해준다.

– 프리벨

호텔에서 컨티넨탈 조식으로 간단히 식사를 하고 9시에 출발이다. 오늘은 런던 시내 관광을 하고 저녁에 유로스타를 타고 벨기에 브뤼셀로 넘어간다.

남편은 시차 적응이 안 되어 새벽 1시부터 계속 잠을 못 이루고 뒤척였다고 한다. 조식 전인데 배가 아프다고 난리다. 스트레스성 배앓이로 한국에서부터 약을 먹었는데 아직도 진행 중인 모양이다. 장기간 여행이 부담스럽게 느껴졌나? 미리 준비한 누룽지에 찬물을 부어 가져온 멸치볶음과 먹으니 입맛을 돋운다. 호텔방에 있는

금 가고 깨진 커피 잔에 냉수를 붓고 누룽지를 넣었다. 오독오독한 맛이 일품이다.

이번 여행을 선택한 이유는 베네룩스 3국과 모나코, 니스를 가볼 수 있기 때문이다. 따로 가려면 비행기를 또 타야 한다. 게다가 비용도 거의 비슷해 좀 힘들지만 한번에 10개국을 다 돌아볼 수 있는 이 상품을 선택하는 데 많은 생각과 시간이 필요하지 않았다.

50~100년 정도 된 Semi Detail House(한 지붕 두 가족)들을 보고 있자니 눈이 호강이다. 런던의 특징은 도심 속에 정원이 있고, 정원 속에 집이 있다는 것이다. 독특한 영국식 정원 스타일이다. 주택 지붕에는 둥근 연통이 삐죽삐죽 나와 있는데, 옛날 석탄 때던 시대의 집 외관을 그대로 유지하기 때문이다. 규정상 주택을 개조할 수 없으므로 외관은 손대지 않고 내부만 리모델링한다고 한다.

우리 버스 옆으로 블랙 캡을 단 택시가 지나간다. 요즘은 많이 사라졌지만 예전엔 블랙 캡 면허를 따는 데만 3년이 걸렸단다. 런던에서 가장 비싸고 안전한 택시란다.

영국의 특징 중 또 하나는 우체통이 빨간색이라는 것. 우리나라도 영국의 영향을 받은 건 아닌지. 2층 버스, 공중전화부스, 웨스트민스터 사원 앞 우체통 모두 빨간색이다. 또한 세계 최초로 지하철이 건설되었다니, 영국민들의 자부심이 대단하겠다는 생각이 든다. 자동차 운전석이 우리나라와 달리 오른쪽인 이유는 옛날 마차

의 채찍에서 유래되었다고 하는데 왼쪽에서 채찍을 휘두르면 뒤에 타고 있는 사람이 맞을 수 있기 때문이다.

방사선 형태로 잘 정비된 런던 거리를 슈트(정장) 차림의 신사들이 지나간다. 크리스토퍼 랜이 불이 난 시티를 재건하였으나, 2차 세계대전 기간인 1940~41년에 다시 무너져버렸다. 영국의 주요 산업은 제조업에서 금융업으로 옮겨가게 된다. 금융도시 런던은 금융, 보험시장이 오늘날 영국 GNP의 4%를 생성하고 있다. 대다수의 엘리트들이 금융업에 종사하고 있다. 그래서인지 영연방에 가입하고 싶어 하는 국가가 40~50개 정도 된다. 영국은 유로화 대신 파운드를 사용한다. 또한 물에 석회질이 많이 섞여 있어서 꼭 생수를 사 먹어야 한다.

1년에 햇빛을 제대로 볼 수 있는 날이 그리 많지 않다. 예전 영국 특파원이었던 모 방송국 기자가 음산한 날씨에 바바리코트를 입고 "런던에서 ○○○였습니다" 하던 모습이 생각난다. 그래서일까 영국 하면 바바리코트가 가장 먼저 떠오른다.

영국은 노후정책이 잘되어 있을 뿐만 아니라 출산율 또한 높다. 마음 놓고 아이를 낳아 기를 수 있는 영국이 부럽다. 인간 중심의 그리스식 민주주의인 헬레니즘에 기초를 두고 있기 때문일 것이다.

오른쪽으로 템스 강이 보인다. 강폭이 좁고 도버해협과 연결되어 밀물과 썰물이 있다. 도로 위 분홍색 지그재그선이 궁금하여 물어보았더니 보행자 우선 표시라고 한다. 모든 면에 있어 사람을 먼저 배려하는 영국처럼 우리나라도 언제 그런 날이 올까?

오늘은 전형적인 영국의 날씨다. 골이 나서 잔뜩 찌푸린 얼굴을 한 희뿌연 구름 속으로 해님이 들어갔다 나왔다 한다. 멀리 런던아이가 보인다. 고풍스러운 도시 런던과 전혀 어울리지 않은 듯한 거대한 바퀴형 전망대.

상원의원들이 건넜던 분홍색 다리를 건너 런던 가이드로 나온 신은선 씨를 만났다. 런던에서만 20년 이상 살았다고 한다.

신호등을 두 번 건너(보행자가 필요시 누르면 녹색등이 들어옴) 국회의사당을 조망할 수 있는 자리에 섰다. 국회의사당을 상징하는 시계탑(빅벤)이 한눈에 들어온다. 국회의사당은 1834년 대화재로 다 타버렸으나 12년의 공사 끝에 재건되었다. 1215년 영국 대헌장에는 왕의 권한을 줄여 정치에 관여하지 못하도록 하였는데 이것은 영국이 세계 최초로 의회 민주주의를 발전시킨 나라라는 뜻이기도 하다.

1859년에 완성된 거대한 시계탑 빅벤은 런던에서 가장 유명한 건

조물 중의 하나이다. 언제 봐도 멋지지만 특히 국회의사당 조명이 빅벤 위로 쏟아지는 모습을 감상할 수 있는 어둠이 내린 밤의 빅벤이 환상적이라고 한다. 일정상 밤에 볼 수 없어서 아쉬울 뿐이다.

빅벤은 국회의사당을 구성하는 건물 중 하나이다. 빅벤의 크기를 짐작할 수 있는 수치는 높이 97.5m, 시계 숫자 크기 60cm, 분침 길이 4.5m로 그 규모를 짐작할 수 있다. 그리고 시간마다 울리는 종 중에서 가장 큰 것의 무게는 13.5톤에 달하고 4면의 시계 지름은 7m가 넘는다. 빅벤은 시계탑 자체를 부르는 이름이 아니라 매 시간마다 울리는 13개의 종 중에서 가장 큰 것을 말한다.

빅벤의 시계는 정확한 것으로도 유명해 런던 시민은 물론 런던을 방문한 여행객들도 빅벤의 종소리에 따라 시간을 맞춘다고 한다. 1941년 2차 세계대전 중 국회의사당 건물 일부가 파괴되는 와중에도 그 모습 그대로 살아남아 현재까지 정확한 시간을 알려주어 영국의 자존심을 세워주고 있다.

상원을 뜻하는 분홍색 다리 밑으로 묵묵히 흐르고 있는 템스 강의 누런색 물줄기를 바라보니 자연은 어디나 같은 모습인 것 같다는 생각이 든다. 현재는 썰물 시간이다. 배 한 척이 정박해 있고 물 위로 드러난 자갈과 진흙땅 위에는 흰색의 갈매기들이 무리를 지어 노닌다.

해가 지지 않는다는 대영제국의 국기(유니온 잭)가 바람에 펄럭인다. 템스 강 동쪽에는 노동자 계급이 많이 살고, 서쪽에는 상류층이 많이 산다.

이제 타워 브리지 쪽으로 발길을 옮긴다. 타워 브리지는 유럽에서 가장 높은 빌딩인 '샤드'(높이 312m, 86층)와 마주 보고 있다. 런던의 상징인 타워 브리지는 템스 강 하류에 자리 잡고 있으며 빅토리아 스타일로 건축된 교각이다. 호레이스 존스 경의 디자인으로 1887년에 착공해 8년간의 공사 끝에 1894년 빅토리아 여왕 때 완공되었다. 100년이 넘는 시간 동안 그 자리를 지키고 있는 타워 브리지는 크고 작은 고딕풍의 첨탑이 있어 마치 동화 속에 나오는 중세 성을 연상시키기에 충분하다. 교각 중앙은 개폐식으로 큰 배가 통과할 때는 90초에 걸쳐 무게 1천 톤의 다리가 수압을 이용해 열린다.

타워 내부에는 타워 브리지와 관련된 흥미로운 이야기들을 담고 있는 전시관과 빅토리아 시대부터 있었던 증기 엔진실이 조성되어 있어 많은 사람들로부터 사랑받고 있다. 엔진실에는 타워 브리지가 올라가는 원리를 설명하는 모형이 있다.

타워 브리지 앞에는 노르망디 상륙작전에 참여했던 벨파스트 전

함이 그 당시의 위용을 뽐내며 당당하게 떠 있다. 이곳에도 새로운 건물들을 짓는 공사가 한창 진행 중이다. 다음에 다시 런던을 방문하면 주변 경관이 많이 달라져 있겠지?

빅토리아식 교각인 타워 브리지는 호레이스 존스 경의 디자인으로 1887년에 착공해 8년간의 공사 끝에 1894년 빅토리아 여왕 때 완공되었다.

* **화이트 타워**(White Tower) : 화이트 타워는 정확한 착공연도는 알 수 없지만 런던 타워에서 가장 오래된 중세 건축물로 알려져 있다. 높이 90피트, 외벽 두께 15피트에 달하는 견고한 건축물이다. 이곳에서 헨리 8세의 두 번째 아내 앤이 참수를 당한 1536년 5월 19일까지 갇혀 있었고, 몇몇 유명인들이 투옥되고 처형되기도 했다.

* **블러디 타워**(Bloody Tower) : 원래는 가든 타워라고 이름 붙여졌던 곳인데 이곳에서 일어난 여러 사람들의 투옥과 살인, 처형 등의 끔찍한 사건들 때문에 블러디 타워라는 이름으로 불리게 되었다. 여러 가지 사건들 중에서 가장 악명 높은 것이 튜더 왕조 시대에 일어난 12세 에드워드 왕자와 그의 동생 리처드 왕자 살해사건이다.

런던 타워는 1078년 윌리엄 1세 때 착공한, 세계에서 가장 오래된 성이다. 타워 안의 쥬얼 하우스에서 값을 매길 수 없을 정도로 귀중한 영국 왕실의 보물과 보석들을 전시하고 있어 좋은 볼거리를 제공한다. 왕관, 보석, 각종 무기류, 갑옷들과 이곳을 구성하는 타워들을 구경할 수 있다.

런던 타워는 900년이 넘는 오랜 시간 동안 영국 역사에서 중요한 사건들이 벌어졌던 곳으로 궁전, 요새, 감옥, 처형장소, 병기고, 조폐국, 쥬얼 하우스 등으로 이용되었다,

윌리엄 1세 때 만들어진 후 후대 왕들이 계속해서 성벽을 넓혔고, 성 중앙의 방어를 위해 그 주위로 작은 타워들을 만들어갔다. 화이트 타워를 중심으로 방어벽을 이중으로 쌓아올렸다. 안쪽 성벽은 모두 13개의 작은 타워들을, 그리고 바깥쪽 성벽은 템스 강을 마주하고 있는 6개의 타워들을 보호하고 있으며, 북동쪽과 남서쪽 코너에 각각 요새가 자리하고 있다. 이곳에서 적들의 침입을 살폈을 것이다.

그리고 죄수를 처형해서 런던 최초의 다리인 런던 브리지에 목을 걸었다고 한다. 그래서 그런지 그 주변에 살아 있는 귀신들이 호객행위를 하고 있다.

버스를 타고 버킹엄 궁전으로 간다. 근위병 교대식을 보려면 서둘러야 한다. 갑자기 은선 씨가 창밖으로 보이는 빨간색 동그라미

가 무엇인지 아느냐고 묻는다. 지하철이 있음을 나타내는 표시란다. 뚜껑 없는 버스가 지나가기에 궁금해하니 관광지만 다니는 버스라고 한다. 뚜껑 있는 버스는 대중교통이다.

런던은 북위 50도에 위치해 있어서 백야현상이 나타난다. 해를 1년에 100일 정도밖에 볼 수 없는 런던이 점점 좋아진다.

1937년 빅토리아 여왕부터 현재까지 영국 왕실의 공식 거주지인 버킹엄 궁전이 바로 눈앞에 있다. 세계 여러 나라로부터 끊임없이 관광객을 불러모으는 엘리자베스 여왕이 사는 집이다. 며칠 전에 태어난 왕세손인 증손자 이름을 조지로 정했다는 따끈따끈한 뉴스를 접했다. 그래서인지 궁 담을 따라 관광버스들이 줄줄이 서 있다. 많은 관광객들이 이제 곧 시작될 근위병 교대식을 보기 위해 담장 위에도 올라가고 잔디밭과 도로 옆으로 몰려간다. 인산인해다.

버킹엄 궁전은 엘리자베스 여왕의 휴가 기간인 8월 초부터 약 두 달간 특별히 개방하고 있다. 왕세손 탄생을 기다리느라 여름휴가를 떠나지 못했나 보다. 여왕님이 계신다는 뜻으로 여왕님 깃발이 펄럭이고 있다. 안 계실 때는 영국 국기가 내걸린다니까.

버킹엄 궁전 담장 너머로 24k 순금 칠을 한 승리의 여신상이 햇빛을 받아 눈이 부실 정도로 반짝였다.

드디어 까만색 곰 털모자를 뒤집어쓴 근위병들이 보인다. 격일로 진행한다는데 오늘 볼 수 있으니 운이 좋은 셈이다. 가는 날이 장

까만색 곰 털모자를
뒤집어쓴 근위병들이 보인다.
격일로 진행한다는데
오늘 볼 수 있으니
운이 좋은 셈이다.
가는 날이 장날이었으면
어쩔 뻔했을까?

날이었으면 어쩔 뻔했을까? 안도의 미소를 지으며 줄 처진 도로가에서 지나가는 근위병들을 눈이 빠지도록 바라봤다. 정확히 72cm의 보폭으로 걷는다는 근위병의 모습을 보니 한편으론 측은하기도 했다. 30도를 오르내리는 한여름 더위 속에 얼굴을 거의 덮는 털모자를 쓰고 1시간 가까이 교대식을 하니 얼마나 더울까 하는 생각이 들었다. 앞에는 오케스트라, 뒤에는 총을 든 근위병, 그 뒤에는 말을 탄 경찰들이 호위를 하는데 풍성하고 가지런한 말꼬리가 인상적이다.

이제 다시 웨스트민스터 사원을 향해 출발이다. 국회의사당 서쪽, 팔러먼트 광장 남쪽에 위치하고 있는 웨스트민스터 사원은 3세기에 착공하기 시작하여 16세기(1503년)에 완성된 건축물로 영국에서 가장 유명한 고딕 양식의 중세 교회이다.

웨스트민스터 사원에 관한 사진 중에서 가장 널리 알려진 곳이 북쪽 입구인데, 실제 이곳을 통해 사원 안으로 들어가는 사람들은 신에 대한 경외심에 저절로 고개가 숙여질 정도라고 한다. 이곳에서는 1년 내내 미사가 이루어진다.

웨스트민스터 사원은 영국 역사에서 중요한 부분을 차지하고 있다. 1066년부터 총 42명의 영국 왕과 여왕들의 웅장하고 화려한 대관식이 펼쳐졌으며 왕족의 결혼식, 장례식도 거행된다.

역대 영국 왕과 여왕, 정치가, 작가, 음악가 등 3,300여 명의 유

THE

명인사가 잠들어 있다. 그중 대표적인 무덤으로 처칠, 엘리자베스 1세, 헨리 7세, 스코틀랜드 메리 여왕 등이 있다. 무명용사의 묘비는 절대 밟으면 안 된다고 한다. 이 사원은 동쪽에 문이 없는데 동쪽은 예루살렘을 향한 제대가 있기 때문이다.

사원 맞은편에 있는 단아하고 우아한 건물이 궁금하여 물어보았더니, 감리교회란다. 런던은 교회 건물도 예술적인 건축미가 물씬 풍긴다.

영국 도심에는 일광욕을 즐길 수 있는 공원이 많이 조성되어 있다. 넓은 들에는 양을 길러 캐시미어가 유명하고, 재봉문화가 발달하여 양복점이 많다고 한다. 그러고 보니, 우리나라 초창기 양복점 이름 중에 '잉글랜드 양복점'이 많았던 것 같기도 하다.

런던 중심가에 있는 하노버 스퀘어에는 많은 사람들이 한 손에 샌드위치를 들고 잔디에 앉아 점심을 즐기고 있다. 짧은 시간이나마 햇빛을 받기 위해 가릴 곳만 가리고 쏟아지는 햇살에 온몸을 맡긴다. 우린 햇빛을 피하기 위해 선크림을 바르고, 양산이나 모자로 중무장하고 다니는데… 아이러니가 아닐 수 없다.

세계에서 제일 맛없기로 정평이 나 있다(은선 씨의 말)는 로스트비프스테이크를 먹으러 식당으로 들어갔다. 2층의 좁은 공간을 이용해서 그런지 한 사람 앞에 한 접시만 놓으면 식탁이 꽉 찰 정도로 비좁았다. 마침 배가 고팠던 터라 스테이크는 생각보다 맛이 있

었다. 약간 짭짤하기는 했지만 샐러드와 함께 한 접시를 비우고 후식으로 바나나까지 먹고 나니 배가 불렀다.

대영박물관을 관람하기 위해 버스를 탔다. 비운의 다이애나비와 함께 차 사고로 세상을 떠난 이집트 헤롯 왕자의 아버지가 운영한다는 헤롯백화점이 시야에 들어온다. 헤롯백화점에서 영국 왕실의 모든 물품을 공급했다는데, 그 사건 이후로 왕실과 사이가 좋지 않다고 한다.

나폴레옹을 물리친 영국의 영웅 웰링턴 장군과 넬슨 제독의 동상이 한낮의 뜨거운 햇빛을 받으며 서 있다. 나라를 구한 두 영웅은 죽어서도 런던 시민의 사랑을 받고 있다고 생각하니 갑자기 虎死留

皮 人死留名(호사유피 인사유명)이 생각난다. 시간이 된다면 번화가인 리젠트 거리를 걷고 싶다.

대영박물관에서 자연사 박물만 가져와서 만든 노란색 자연사 박물관이 보인다. 아이들과 함께 왔다면 꼭 한 번 가봐도 좋을 듯싶다. 입장료가 없다니까.

대영박물관에 도착했다. 여기도 물론 무료다. 입구부터 사람들 머리통만 보인다. 대영박물관은 정말 대형 박물관이다. 정문 기둥은 그리스 건축 양식 중 하나인 이오니아식 장식을 한 어마어마한 돌기둥들이 지붕을 떠받치고 있다.

세계 3대 박물관 중 하나로 손꼽히는 대영박물관은 러셀 광장 맞은편에 자리 잡고 있다. 영국에서 가장 오랜 역사와 가장 큰 규모의 박물관으로 평가받는다. 찬란한 꽃을 피웠던 전성기 때의 그리스 문화와 고대 이집트 문화를 한눈에 볼 수 있는 유일한 곳이기도 하다.

1753년 박물학자 한스 슬론 경은 8만 점이 넘는 수집품을 영국 정부에 기증하였다. 의회는 그가 기증한 소장품의 규모만으로도 세계에서 가장 크고 훌륭한 박물관을 열 수 있다고 생각하여 대영박물관 건립을 결정하였다. 그 후로 몇 년 동안 전 세계에서 들어온 엄청난 양과 질을 갖춘 골동품과 공예품, 유물들을 소장하게 되어 전시품을 위한 커다란 공간이 필요하게 되었다.

GARDEN & COSMOS

GARDEN & COSMOS

마침내 1759년 착공에 들어갔고, 1823년부터 50년까지 약 30여 년에 걸쳐서 완성되었다. 4층짜리 건물로 83개에 이르는 크고 작은 방으로 구성되어 있다. 1층과 2층에서 대영박물관을 대표하는 주요 전시품들을 감상할 수 있다.

신은선 씨의 설명을 들으며 박물관 관람에 몰입했다. 제일 먼저 2,700년 전의 모습인 아시리아 관을 관람하였다. 전쟁 모습을 조각한 거대한 벽에는 당시의 과학적이고 똑똑한 아시리아 인들의 생각이 그대로 남아 있다. 수영을 하는 잠수부대, 땅굴부대, 성안에서 사자를 사냥할 때의 모습, 사자가 괴로워하는 모습 등이 아주 실감나게 나타나 있다.

〈아시리아 관〉

두 번째 방은 2,500년 전의 그리스 방이다. 목욕하다 들킨 듯한 비너스(아프로디테)상은 원근감이 잘 나타나고 섬세하고 아름답다. 황금비율이라는 1:1.628이다.

〈그리스 관〉

파르테논 신전은 많이 부서져서 안타까웠다. 특히 서쪽 부분이 소실되고 지금 남아 있는 것들은 대부분 동쪽에 있던 것들이다. 신은 앉아 있고 인간은 서 있는 모습으로 크기를 맞추어 조각하였다. 그중에서 '달을 끄는 말'은 최고의 걸작품으로 오늘날 3D 영상처럼 힘이 들어가 있는 근육, 튀어나온 핏줄의 생생함이 그대로 전해져 보는 이를 전율케 한다.

세 번째로 로제타 비석이다. 검은색 비석에 3,300년 전 98세까지 살았다는 람세스 2세의 모습이 조각되어 있다. 최초의 예술작품이다. 그 당시 석관은 오늘날의 욕조같이 생겼는데, 밑에는 구멍을 뚫어 유해가스가 배출되도록 하였다고 한다.

로제타스톤

다음으로 관광객이 제일 많이 찾는 미라 관으로 들어갔다. 중국의 진시황제가 불로장생을 원했듯이 죽어서도 영혼불멸을 원하는 시신들이 오그라들고 말라붙은 채 후대의 수많은 눈들 속에 갇혀 있다. 죽은 후에도 편히 쉬지 못하는 것 같아 마음 한 켠이 서늘하다.

죽어서도

영혼불멸을 원하는

시신들이 오그라들고

말라붙은 채

후대의 수많은

눈들 속에 갇혀 있다.

죽은 후에도

편히 쉬지

못하는 것 같아

마음 한 켠이

서늘하다.

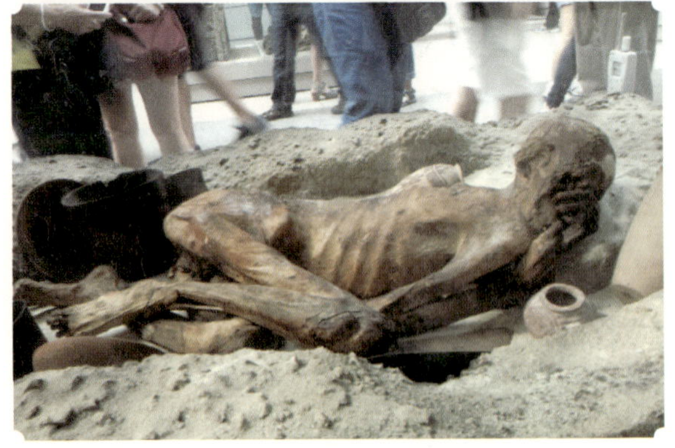

수많은 인파에 이리 밀리고 저리 밀리며 각 나라 인종들의 집합소 같은 미라 관을 빠져나왔다. '스테이크를 너무 많이 먹었나?' 배가 살짝 아프다. 무덥고 갈증도 나고 발가락도 아프지만, 마지막으로 자랑스런 한국관을 빼먹으면 안 되겠지.

한국관은 한광호 박사 개인이 기부한 돈으로 만들어졌다. 후덥지근하고 답답했는데 한국관에 들어서니 시원해서 살 것 같다. 한국관은 사랑방으로 꾸며놓은 한옥의 나무 보존을 위해 적당한 온도를 유지해야 하는 관계로 시원하다. 조명도 은은하고. 단아한 모습의 조선백자인 달 항아리가 조신하게 우릴 반긴다.

일본관이나 중국관과는 크기 면에서 비교도 안 되지만, 대영박물관 한쪽에 흰색치마와 저고리를 입은 여인처럼, 얌전하고 우아하게 설치된 한국관이 있다는 게 뿌듯하고 자랑스럽다. 규모로 힘겨루기 하는 건 아니니까.

이제 유로스타를 타기 위해 기차역으로 간다. 런던 유로스타 역은 킹스크로스 세인트 판크라스 역이다. 파리나 벨기에로 가기 위한 최단거리 교통편이다. 비행기를 타지 않고 기차로 해협을 건너 벨기에로 가다니, 정말 다행이다. 덕분에 영국 기차를 타볼 수 있어서.

저녁은 대합실에서 출발시간을 기다리며 미리 준비한 김밥으로 먹었다. 에어컨도 빵빵하게 나오고, 쉴 수 있는 공간도 넉넉하고 아주 쾌적했다. 남편이 카페에서 내가 좋아하는 카푸치노 한 잔을 사다 주었다. 시럽을 넣지 않은 커피 맛이 우리나라랑 별반 다르지 않은 게 맛있었다. 센스 있는 남편, 고마워요. 덕분에 쉬면서 책 한 권을 읽을 수 있었다.

기차는 열심히 달린다. 백야현상으로 10시가 넘었는데도 해가 지지 않는다. 창밖으로 넓은 들판이 휙휙 지나간다. 기차 안도 쾌적하다. 남편은 피곤한지 머리를 떨구고 잠이 들었다.

기차는 지하로 들어갔다 나갔다를 반복하며 2시간 이상을 달려 벨기에 브뤼셀 역에 도착했다. 커다란 트렁크를 끌고 잠이 덜 깬 얼굴로 버스 기사 파스칼과 만났다. 빨간 티셔츠에 율 브린너 머리를 한 서글서글한 눈을 가진 벨기에 기사다.

7월 26일(금요일)/여행 3일째

브뤼셀/암스테르담 _

자기와 다른 사람을 개선하려고 여행을 떠나는 자는 철학자이지만, 호기심이란 맹목적인 충동에 사로잡혀 여행을 떠난 자는 방랑자에 지나지 않는다.

– 고울드 스미스

Ibis Budget Hotel(이비스 계열)에서 정확히 6시에 잠이 깼다. 어제 유로스타를 타고 새벽에 도착했으니까, 잠을 몇 시간 못 잔 셈이다. 6시 30분에 가이드가 노크로 모닝콜을 한다. 트윈 룸을 어쩜 이리도 한 치의 여유 없이 자로 잰 듯 짜서 지었을까? 원통을 반 자른 듯한 샤워부스, 5cm 간격을 두고 붙어 있는 트윈 베드, 트렁크 두 개를 펼쳐놓으면 움직일 수도 없는 공간, 정말 자투리 하나 없는 완벽한 아날로그식 방이 사랑스럽다. 좀 좁아도 깨끗한 것

에 한 표!

접시가 없어 쟁반에 냅킨을 깔고 빵을 가져와 아침식사를 했지만 마음과 몸은 더없이 풍요롭다.

오늘은 벨기에 브뤼셀의 그랑팔라스 광장과 오줌싸개 동상 그리고 네덜란드로 건너가 잔세스칸스 마을을 여행한다. TV 프로그램 세계테마여행에 나왔던 잔세스칸스를 간다니 마음이 벌써 들뜬다. 풍차가 돌아가고 양떼가 한가롭게 풀을 뜯는가 하면 나막신 공장에서 오래된 수공업의 역사를 재현하고 치즈공장에서는 그들의 맛을 자랑한다.

인상 좋고 명랑한 파스칼 기사는 어제와 같은 청바지에 붉은 티셔츠를 입고 입담 좋게 최 과장과 이야기를 나눈다.

그랑팔라스를 일컬어 프랑스의 대문호 빅토르 위고는 세계에서 가장 아름다운 광장이라고 칭송하였고, 시인 장 콕토는 위대한 광장이라고 격찬하였다. 15~16세기에 아름답고 화려한 고딕 양식으로 지은 '시 청사'와 바로크 양식의 '길드 하우스' 그리고 다른 르네상스 양식의 '왕의 집'과 같은 유명한 건축물들이 110m×70m 넓이의 작은 광장을 중심으로 에워싸고 있다. 1998년 유네스코 세계문화유산으로 등록되었으며 명실공히 브뤼셀이 유럽에서 가장 아름다운 도시라는 평가를 받게 한 광장이기도 하다.

광장으로 걸어길 때 우산을 쓸 정도는 아니지만 약간의 빗방울이 뿌렸다. 남편과 손을 잡고 도로를 건너 화려한 건물들을 감상하면서 걸어 다녔다. 예쁜 트램이 지나간다. 트램 속 승객들이 무심하게 창밖을 내다본다. 광장을 중심으로 어쩜 이리도 아름다운 건축물들을 세웠을까? 이 광장처럼 벨기에 국민들의 사는 모습 또한 아름다울 것 같다.

다음은 브뤼셀에서 가장 사랑 받고 있는 오줌싸개 동상을 보러 간다. 카페와 초콜릿가게, 와플가게 등을 지나 두세 블록 후에 나타난 동상은 생각보다 너무나 작고 앙증맞았다. 유명세를 타는 만큼 동

상이 크고 화려할 거라 생각했는데 약간은 실망이다.

브뤼셀의 상징이라 할 수 있는 오줌싸개 동상은 1619년 제롬 뒤케노스에 의해 만들어졌다. 꼬마 줄리앙이라는 애칭으로 불릴 만큼 브뤼셀 사람들의 사랑을 받고 있다. 이 꼬마 동상은 옷을 자주 갈아입는다고 하는데 우리가 갔을 때는 옷을 입고 있지 않았다. 왕의 집(King's House), 그랑팔라스, 시청에서 보관하고 있는 줄리앙의 의상은 미키마우스 복장과 엘비스 프레슬리 복장 등을 포함해서 600벌이 넘는다고 한다. 1698년 네덜란드 총독을 시작으로 브뤼셀을 방문한 수많은 국빈들이 꼬마 줄리앙을 위해 옷을 만들어와 입히는 것이 관례처럼 되었다.

오줌싸개 동상에 얽힌 여러 전설이 있다. 그중 어린 소년이 마녀가 살고 있는 집 앞에 오줌을 쌌는데, 마녀가 너무 화가 난 나머지 소년을 동상으로 만들어버렸다는 이야기가 제일 유명하다. 믿거나 말거나겠지만.

사람들을 헤치고 가까이 다가가서 바라보니, 오늘도 꼬마 줄리앙은 자신을 찾아온 수많은 관광객들 앞에서 재롱을 떨듯 오줌을 싸고 있다. 오줌싸

개 동상 주변으로 고풍스러운 중세 길드 건물 속에 상점들이 즐비하다. 특히 초콜릿가게들이 성업 중이다. 맛있는 고디바 초콜릿을 사려다가 날씨가 너무 더워 다 녹아버릴 것 같아서 그만두었다.

브뤼셀에서 유명한 와플가게에는 사람들이 줄을 서서 기다릴 정도다. 나도 차례가 되어 크림과 블루베리가 잔뜩 들어간 와플을 사서 한 입 베어 무니, 달콤함에 기분이 좋아진다. 크기도 커서 혼자다 먹느라고 힘들었다. 남편은 아직도 배가 좋지 않아서 조심하는 중이라 침만 삼키고 있다.

광장에는 많은 사람들이 그늘에 앉아 쉬거나 얘기를 나눈다. 갑자기 최 과장이 한 여행객의 가방에서 돈을 훔치는 광경을 목격했다며 부들부들 떤다. 사람이 많이 모인 곳에는 도둑들도 함께 존재하는 것은 어디를 가나 마찬가지인가 보다.

돈 키호테 동상이 지나다니는 관광객들을 무심히 내려다본다. 지체할 시간 없이 네덜란드 암스테르담을 향해 출발!

네덜란드는 육지가 해수면보다 25% 더 낮다. 튤립, 풍차로 대표되는 이미지에 맞지 않게 마약이 성행하고 성이 개방적이어서 동성연애도 합법화된 나라라고 한다. 기존에 내가 갖고 있던 네덜란드 이미지와 확연히 다른 모습이다.

이런저런 생각에 잠겨 있다가 보니 멀리 풍차가 보인다. 생각보다 무척 크다. 풍차마을인 잔세스칸스에 도착한 것이다. 마을 입구부터 예쁘게 장식된 기념품 가게들이 발길을 잡는다. 어디 가나 며느리에게 선물로 주고 싶은 물건들만 눈에 띈다. 네덜란드를 상징하는 수제 나막신들이 화려한 색깔로 단장하고 우릴 반긴다. 한 켤레 살까 잠시 고민하다가 말았다. 그 대신 호수 맨 끝 쪽에 있는 팅커벨이라는 가게에서 주인여자가 직접 만들었다는 독특하고 예쁜 주석 티스푼 하나를 14.5유로에 샀다. 정교하고 특이한 모양의 티스푼을 우리 아영이가 좋아할까? 괜히 내 마음이 설렌다.

여기서 잠깐! 무심하게 썼던 유로화의 숨은 뜻에 대해 알아보았다. EU연합에는 스위스만 빼고 27개국이 가입되어 있는데 유로존(유로화를 사용하는 나라)은 17개국이다. 이것은 2차 세계대전 후 독일과 프랑스 간 관세동맹에서 비롯되었다. 독일 재건을 위해 석탄과 철강 수입을 목표로 1985년 스페인 마드리드에서 열린 EU정상회의에서 결정되었다. 유로화 지폐 앞면에는 창과 문이 그려져 있고, 뒷면에는 다리 그림이다.

- 5유로 : 앞면에 그리스 로마 건축 양식 중 하나인 이오니아식 문 장식이다.
- 10유로 : 로마네스크 양식으로 반원형 아치 형태의 문과 두꺼운 석조벽이 그려져 있다.
- 20유로 : 장미의 창 고딕 양식으로 뾰족한 첨탑과 스테인드글라스 창으로 구성되어 있다. 신과 좀 더 가까워지고 싶은 인간의 열망을 담았다.

- 50유로 : 르네상스 양식으로 인간 중심의 단정하고 소박함을 의미한다.
- 100유로 : 초기 대칭 양식인 바로크 양식과 로코코 양식의 장식이다.
- 200유로 : 19세기 말 건축 양식의 문과 강철다리로 찌그러진 진주 프랑스의 절대왕정을 의미한다.
- 500유로 : 현대 건축물인 철근 콘크리트 구조물로 공간과 한계를 극복한 시대의 다양성을 의미하나 많이 사용하지 않아서 사라질 위기에 처했다.

유로화 화폐 단위가 커질수록 현대에 가깝다는 것을 알 수 있다. 동전 앞면은 공동 이미지고, 뒷면은 각 나라별로 특징을 담고 있다.

다른 가게에서 주방에서 주로 쓰는 풍차 모양의 자석을 샀다. 이것도 좋아해 주면 좋겠다. 진짜 나의 못 말리는 며느리 사랑은 표창감이 아닐까? 후훗.

렘브란트와 고흐가 태어난 도시 암스테르담은 멋지고 예쁠 뿐만 아니라 사랑스럽기까지 하다. 점심은 한국식으로 한국 교민이 운영하는 식당으로 갔다. 우리나라 교민은 700명 정도라고 한다. 식당으로 가는 도로 옆의 우거진 산책로가 너무 멋스럽다. 차도보다 더

넓은 공간을 산책로로 만든 암스테르담 국민들은 어떻게 이런 생각을 했을까? 그 양쪽에는 아름드리 플라타너스가 숲을 이루고 있다. 우리나라는 매년 가지치기를 하는데 여기는 제 모양 그대로이다. 플라타너스가 이렇게 크고 멋진 줄 몰랐다. 정말 대단하다. 녹지 공간이 풍부한 암스테르담. 안네는 이곳에서 일기를 쓰며 고통스러운 시간들을 보냈겠지?

점심 메뉴는 김치찌개와 정갈하게 담긴 밑반찬으로 차려진 한식이다. 이 먼 나라에서 한국 음식을 먹으니 얼마나 행복한지 모르겠다. 깍두기, 나물, 김치 등이 정말 맛있었는데 부족한 반찬은 여유 있게 더 가져다주었다. 감사한 마음으로 한 그릇을 뚝딱 비웠다.

버스는 담 광장을 향해 달린다. 현재 담 광장이 있던 자리에는 Y자형으로 흐르는 암스텔 강을 막으려고 건설한 암스텔 댐(Amstel Dam)이 있었다. 암스텔 댐은 담 광장뿐만 아니라 네덜란드의 수도 암스테르담의 이름이 비롯된 곳이다. 시 중심부를 가로지르는 담라크와 로킨 도로가 만나는 곳에 자리하고 있는 담 광장에서는 각종 공식 행사와 축제, 콘서트, 노천시장이 펼쳐진다.

담 광장 중앙에는 2차 세계대전에 참가했던 네덜란드 전사자들을 기리는 위령탑이 서 있다. 그 주위로 왕궁과 신교회, 마담 투소 왁스 박물관, 백화점 등 오래된 건물들과 명소가 자리하고 있는데 이곳이 바로 암스테르담 관광의 중심지다.

간간이 빗방울이 듣는다. 전몰군인 위령탑 위에 앉은 비둘기들이 비를 맞고 있다. 암스테르담

시내를 구경하다 보면 형형색색의 예쁜 집들이 많은데, 어떤 건물은 많이 기울어져 있어 위태롭게 느껴졌다. 그래서일까, 한 치의 공간도 허락하지 않으려는 듯 집들이 다닥다닥 붙어 있다. 서로 의지하고 지탱하기 위해서.

지난주에는 무척 더웠다는데 우리는 축복받은 팀이다. 우산을 펴기에는 좀 그런 간간이 내리는 비와 약간 흐린 오늘 같은 날이 여행하기에 가장 좋은 날씨다.

우리 여정을 항상 함께해 주시는 주님께서 베풀어주시는 은총이

란 생각이 든다. 확실히 난 복이 많은 모양이다. 자기 일에 최선을 다하는 가이드를 만난 것부터. 감사한 일이다.

암스테르담 거리를 걷다 문득 눈에 띄는 것이 있었다. 신기하게도 거리에서 만나는 개들이 거의 다 비글 종이다. 비글의 고향이 네덜란드인가? 유럽 사람들은 어디를 가나 개를 데리고 다닌다. 개를 좋아하는 나로서는 그런 모습이 보기 좋았다. '×××' 표시가 무엇을 뜻하는지 궁금해서 최 과장에게 물어보았더니 암스테르담을 상징하는 표시로 일명 재난방지를 위한 표시란다. 모르는 건 묻는 게 최고다. 그래야 하나라도 더 배우고 가지.

보트 선착장에 도착하니 해가 반짝 나는 걸로 보아 여우가 시집 가는 날인가 보다. 북쪽의 베니스라는 말이 실감 난다. 어쩜 이렇게 멋진 운하가 눈앞에 나타나다니.

한 시간 가량 세련되고 긴 보트를 타고 운하를 따라 암스테르담을 본격적으로 구경한다. 운하 주변에는 3층 높이의 건물들이 서로 어깨를 부비고 기대어 있다. 건물은 위쪽이 아래쪽보다 앞으로 튀어나와 있다. 건물 꼭대기에 갈고리 모양의 고리가 달려 있는데, 이 고리를 이용하여 가구를 집안으로 들였다고 한다.

햇빛이 강해 양산을 받치고 앉아 운하 양쪽으로 펼쳐지는 멋진 건물들을 보느라고 분주하다. 그런데 정말 대단하다고 느낀 건 우리나라 말로 안내방송이 흘러나온다는 것이다. 국력 신장의 결과인 모양이다. 의기양양해지는 기분이랄까, 어쨌든 흐뭇했다. 나직한 음성의 여자가 주변 건물들에 얽힌 이야기를 조용조용 풀어주었다.

운하 양쪽 가장자리에는 배로 된 수상가옥이 군데군데 자리를 잡고, 각자의 취향에 맞는 독특한 모습으로 떠 있다. 간혹 주인아저씨가 파라솔 밑 발코니에서 독서삼매에 빠져 있는 광경이 눈에 띄었다. 나도 한번 해보고 싶은 멋진 모습이다. 이런 수상가옥은 매우 비싸며 다른 곳에서는 볼 수 없는 네덜란드만의 풍경이라고 한다.

외관만 다시 색칠하고 내부는 현대에 맞게 고친 호수 옆 그림 같은 집에서 살면 정말 낭만적일 것 같다. 이곳에 안 왔더라면 얼마나 아쉬웠을까?

자전거를 보관하는 큰 건물 앞이 선착장이다.

저녁은 중국식이라고 하는데 입맛도 없고, 느끼한 음식을 먹기 싫어서 나는 맥주 한 병만 시켜 마셨다. 남편도 계속 속이 안 좋다고 한다. 최 과장이 내일은 일정에 없는 로렐라이 언덕을 갈 예정이라고 한다. 우리가 예쁜 짓을 해서 그런 모양이다. 푸훗.

7월 27일(토요일)/여행 4일째

룩셈부르크/프랑크푸르트 _

여행은 사람을 순수하게, 그러나 강하게 만든다.

– 서양속담

브뤼셀에서 2박을 한 Ibis 호텔을 출발할 시간이다. 이곳 사람들은 도무지 바쁘고 급한 게 없다. 콘티넨탈 조식도 떨어지면 떨어진 대로, 없으면 없는 대로 아무 불평 없이 먹는다. 오븐기는 작동할 생각이 없는지 구석에서 얌전히 자리만 지키고 있다. 한 무리의 러시아 관광객이 들어와 새벽부터 음식을 초토화시켰다.

남편과 일찍 식사를 마치고 주변 감자밭 사이의 한적한 길을 산책했다. 공기가 맑다. 공항 주변이라 비행기가 끊임없이 뜬다. 담장으로 장식한 나무들이 싱싱하다. 콧구멍 평수를 넓혀 호흡을 하며 걸으니 더러운 찌꺼기가 다 빠져나가는 것같이 상쾌하다.

룩셈부르크로 가는 고속도로에 비가 내린다. 새까맣게 덮인 구름 속으로 천둥과 번개가 친다. 진초록의 산과 숲, 녹색과 연두색의 들판에 아담한 체구의 소 떼들이 다소곳이 비를 맞고 있다. 그중에 흰색 소들이 눈에 확 들어왔는데 흰색 소는 이곳에서 처음 보는 것이라 색달랐다.

최 과장은 마이크를 잡고 자신의 프로필을 소개하느라고 끊임없이 떠들어댄다. 여행 가이드란 평범한 사람이 선택하기 쉬운 직업이 아니란 것을 알고 있지만 특이한 성격에 이력도 화려하다. 이 자리에 서기까지 노력하느라고 나이 40이 넘도록 결혼하지 못했는지도….

어느새 비가 그쳤다. 인생에서 만나는 시련처럼, 여행 중에 한바탕 쏟아진 소나기. 버스 안에서 만났으니 얼마나 다행인지. 고맙다고 가슴속에 한 방울 찍어두었다. 자연은 어디에서건 신비롭고 희망을 준다. 기대도 그만큼 키가 자란다. 파스칼 아저씨가 우리 목적지를 향해 즐겁게 달린다.

룩셈부르크는 인구 50만 명밖에 안 되는 작은 나라지만, GNP가 10만 불 이상 되는 세계 1위의 부자 나라다. 중간에 휴게소에서 잠깐 섰는데 휴게소가 크고 물건들도 다양하다. 커피향이 너무 좋아 지금 막 내린 에스프레소를 한 잔 사서 홀짝 마셨다. 정신이 반짝 든다. 예쁜 완구가 있어서 우리 애들이 키우는 강아지 사랑이와 소

망이를 주려고 샀다. 우리 강아지들이 잘 가지고 놀았으면 좋겠다. 좋은 점은 남편과 내가 쓴 화장실 이용료를 물건 사는데 사용할 수 있게 만든 시스템. Good Idea!

지명에 브르크, 베르그가 붙으면 언덕이라는 뜻이라고 한다. 요새를 짓고 살기 시작한 곳에서 유래되었단다.

헌법광장에 도착했다. 황금색 승리의 여신상 나이키 밑에는 룩셈부르크가 참전한 전쟁에서 전사한 장병들을 기리는 동상이 있는데, 제일 아래쪽에 '1951~1954 COREE'라고 적혀 있다. 우리나라 6·25전쟁 때 1개 소대를 파병했다고 한다. 그래서인지 베네룩스 3국이 더욱 좋다.

헌법광장에서 보이는 다리가 아돌프 다리다. 페트루세 계곡의 라르제트 강 위에 걸려 있는데 경치가 장관이다. 높이 46m, 길이가 84m인 이 다리는 파세렐 다리와 함께 신시가와 구시가를 연결하고 있다. 교각에서 바라보는 전망은 룩셈부르크를 대표하는 풍경이다.

헌법광장에서 오른쪽에 있는 노트르담 성당으로 갔다. 프랑스에 있는 성당과 이름이 같다. 사람들을 따라 성당 안으로 들어갔다. 웅장하고 화려한 조각들로 구성된 성전 안에는 많은 신자들이 제대를 향해 조배하고 있다. 파이프 오르간으로 연주되는 웅장한 성가는 마음을 경건하게 만든다. 우리 아이들을 위한 초 봉헌을 했

다. 또한 즐겁고 건강한 여행이 될 수 있도록 기도드렸다. 뒷문으로 나오니 중심거리다. 상점마다 내가 좋아하는 인테리어 소품들이 내 눈을 즐겁게 한다.

남편 권유로 바에서 드래프트 맥주(Draft Beer)를 3유로 주고 한 잔 사서 마시니 그 맛이 짱이다. 싸~ 하고 쌉쌀한 생맥주가 목구멍을 타고 내려가니 세상에 부러울 게 없다. 우리 사랑이 닮은 귀여운 완구 하나를 또 샀다. 뭐 눈에는 뭐만 보인다고 그저 내 눈에는 우리 아이들 생각만 가득하다.

즐거운 거리 구경을 하고 점심을 먹기 위해 중앙역을 지나 중국집으로 들어갔다. 역시 중국 음식은 어디 가나 똑같다. 남편이 가져온 라면에 뜨거운 오룡차를 부어 건더기만 건져 먹었다. 중국집 옆에 있는 shoes shop을 시나가다가 호기심이 발농해 들어갔다. 흰

색 꽃잎이 붙은 슬리퍼가 눈에 들어왔다. 남편이 보더니 이탈리아 제라며 사란다. 25유로면 비싼 편인데, 가죽이니까 그냥 눈 딱 감고 샀다. 아싸, 신난다. 어물거리는 순간 멀리 가버린 우리 팀을 쫓아 달렸다.

구름 한 점 없는 맑은 하늘이 너무 예쁘다. 로렐라이 언덕을 향해 가는 고속도로 주변에는 낯익은 소나무들이 녹음을 자랑하며 의연하게 서 있다. 우리나라 도로를 달리는 착각에 빠진다.

독일 마을은 유럽의 다른 나라들과는 사뭇 다르다. 지붕은 짙은 쥐색 계열이 많고 옹기종기 모여 있는 모습이 너무 정겹다. 에너지

와 환경을 우선으로 생각하는 독일답게 곳곳에 흰색 풍차가 돌아가고 있다. 우리나라 대관령에서 본 모습과 똑같다.

얕은 산을 개간하여 포도나무를 심은 모습이 마치 독일 병사가 열병하듯이 질서 정연하다. 본받을 점이 많은 나라 독일! 세계대전을 일으킨 전범이지만 그 잘못을 인정하고 사과하며 아픔을 함께 보상해 주는 나라. 일본과는 비교할 수 없는 사고방식을 가졌기에 전쟁의 폐허 속에서 라인 강의 기적을 만들고 EU연합의 최고 국가로 그 역할을 다하고 있는 게 아닐까 생각해 본다.

이제 독일 고속도로 아우토반을 빠져나간다. 히틀러가 만들었다는 아우토반은 자동차가 다니는 직선길이라는 뜻이고 편도 2차선이다. 아우토반이 유명한 이유는 도로 밑에 열선이 깔려 있어서 겨울에도 눈이 빨리 녹아 교통 체증이나 사고가 적다는 것이다. 철을 녹이고 붙이는 철강을 다루는 기술은 가히 세계 최강이다. 그래서 우리나라 사람들이 독일 차를 선호하고 많이 팔리는 걸까?

독일은 겨울에 눈이 많이 내려 지붕의 경사도가 급하다. 동화처럼 예쁜 집들과 한가로운 풍경들이 어울려 한 폭의 그림 같은 마을을 바라보는 동안 차는 로렐라이 언덕을 향해 달린다. 중학교 때 배웠던, 하인리히 하이네가 시를 쓰고 프리드리히 질허가 곡을 붙인 노래를 속으로 흥얼거리며 바깥 경치에 마음을 뺏긴다. 친근한 선율이 머릿속에 스며든다.

옛날부터 전해 오는 쓸쓸한 이 말이
가슴속에 그립게도 끝없이 떠오른다
구름 걷힌 하늘 아래 고요한 라인 강
저녁 빛이 찬란하다. 로렐라이 언덕

라인 강 중류 지역의 드넓게 펼쳐진 초원 위에 옹기종기 회색빛 마을이 모여 있고 누렇게 밀이 자란다. 밀밭과 밀밭 사이에는 녹색의 풀밭이 눈을 시원하게 한다. 평화롭고 한가한 정경이 눈앞에 한가득이다. '저 푸른 초원 위에 그림 같은 집을 짓고~' 어느 대중가수의 노래가 생각나는 아름다운 풍경이다.

구불구불한 산길을 기사 아저씨는 거침없이 잘도 달린다. 길가에서 마주친 예쁜 2층, 3층집 창가에는 어김없이 꽃들로 환하다. 깨끗하고 아기자기한 창문에 드리워진 흰색 계통의 블라인드가 정겹다. 창을 장식하는 커튼 모양도 어쩜 저리 사랑스러운지. 이런 면에서도 독일 국민의 성향을 엿볼 수 있다. 또다시 독일의 젖줄 라인 강이 나타났다 사라졌다 한다.

전망대에서 내려다본 라인 강은 그 모습이 정말 아름답다.

물줄기는 그때도 저렇게 힘차게 흘렀으리라.

휘돌아 치는 유유한 물결과 주변의 질서 정연한 캠핑카와

굽어져 도는 강가에 아담하고 평화로운 주택들이 한눈에 들어온다.

라인 강 오른쪽 절벽에 위치한 로렐라이 언덕의 높이는 133m로 수면 위에 깎아 세운 절벽이다. 유럽의 3대 썰렁 명소 중 하나로 직접 보면 절벽밖에 없어 실망하는 사람도 많지만 그 경관이 매우 아름답다.

로렐라이란 이름의 긴 금발머리 소녀는 저녁마다 라인 강 절벽에 앉아 금발머리를 빗으며 사랑스런 노래를 불렀다. 라인 강을 지나는 배에 탄 사람들은 마법에 걸린 듯 그녀의 모습과 노래에 빠져들어 위험한 암초와 절벽에 부딪쳐 라인 강 깊은 물속으로 가라앉았다. 그로 인해 많은 뱃사람이 죽어 지금까지 전설로 내려오고 있다.

드디어 로렐라이 언덕이다. 아니, 그런데 제일 먼저 반기는 것은 주차장 옆에 당당하게 서 있는 두 개의 돌하르방이다. 일행이 발견하고 웅성거린다. 어쩐 일로 제주도 돌하르방이 여기까지 납시었나

봤더니 2009년도에 제주 도지사가 보낸 선물이라고 쓰여 있다. 자매결연 맺은 정표로 보냈나 보다. 그래서 그런지 전망대 포인트로 가는 길에 '전망대, 아름다운 풍경'이라는 낯익은 한글이 보인다. 이 먼 나라에서도 우리글이 빛을 발산하는

구나. 감사한 일이다.

전망대에서 내려다보니 라인 강의 모습이 정말 아름답다. 물줄기는 그때도 저렇게 힘차게 흘렀으리라. 휘돌아 치는 유유한 물결과 주변의 질서 정연한 캠핑카, 굽어져 도는 강가의 아담하고 평화로

운 주택들이 한눈에 들어온다. 정말 멋진 광경이다.

이렇게 아름다운 곳에서 독일 맥주 맛을 안 볼 수 없지. 빅 사이즈로 생맥주 한 잔을 시켜 마시니 너무 행복해서 배시시 입가가 벌어진다. 오전에 룩셈부르크에서 한 잔, 여기에서 한 잔, 술을 못 마시는 남편은 내가 마시는 것만 봐도 좋은 모양이다. 맞은편에 앉아 있던 아들 둘과 함께 온 중학교 가정선생님이 내 왼쪽 눈 실핏줄이 터졌다고 알려준다. 웬 눈터짐? 55년 이상을 살면서 한 번도 터진 적이 없던 눈이 오늘 이 좋은 시간에 왜 하필 터진단 말인가? 별로 대수롭지 않게 생각하며 프랑크푸르트를 향해 출발이다.

오늘 저녁은 내가 좋아하는 한식이다. 식당 화장실 거울로 본 내 모습에 깜짝 놀랐다. 왼쪽 눈 흰자위 전체가 완전히 빨간 막으로 덮여 있다. 세상에 이런 일이… 아무리 피곤해도 여태까지 실핏줄 한 번 터진 적이 없었는데, 이게 무슨 일이람? 식당 주인인 파독 간호사 할머니가 눈을 보자고 하더니 앰뷸런스를 불러 병원에 가보라고 한다. 남편은 괜찮을 거라고 하는데 사실 나는 조금 겁이 났다. 여행 중에 남의 나라 응급실에 가야 하다니, 혹시 뇌에 이상이라도? 여행 왔다가 타국에서 잘못 되는 건 아니겠지? 호텔에 일찍 들어와 짐을 내려놓고 바로 프런트로 내려왔다. 최 과장과 같이 병원에 가기로 했다.

택시를 불러 타고 알려준 대학병원이라는 곳에 내렸는데 어디에도 병원이 보이지 않는다. 여러 사람한테 물어물어 결국은 다른 택시 기사의 도움으로 괴테 대학병원에 도착했다. 24시간 진료하는 안과 전문병원이라고 한다.

접수를 하고 기다리나 했더니 간호사가 2층으로 올라가라고 한다. 그때부터 장장 4시간 동안 덥고 지루한 기다림이 시작되었다. 어떤 할머니는 많이 불편한지 울면서 하소연을 하고, 또 한쪽에서는 축구를 좋아하는 나라답게 대형 TV 앞에서 축구 경기를 시청하느라고 난리다.

병원이라는 개념이 안 든다. 왔다 갔다 하는 눈 큰 간호사도 시큰둥하다. 최 과장이 젊고 야리야리하게 생긴 여의사에게 항의성 발언을 하자 우리 차례가 되었다.

진료실은 어두컴컴하고 후덥지근했다. 의사는 이것저것 검사하더니 약을 주고 주의사항을 열심히 알려주었다. 시설은 우리나라 시골병원보다도 못하다. 에어컨 없이 진료를 보는 의사의 피부도 땀으로 축축하다. 컴퓨터도 사용하지 않고 손으로 진료카드를 기록하는 의사가 존경스럽다. 독일 병원에서는 병에 든 생수와 가스를 넣은 물을 무료로 먹을 수 있다.

밤 12시 넘어서 돌아온 프랑크푸르트에서의 하루는 내 생애 잊지 못할 큰 추억으로 남을 것이다. Ibis 호텔은 지난 브뤼셀에서 2박한 곳보다 훨씬 깨끗하고 쉴 만하다. 아픈 눈 때문에 대충 씻고 잠을 청하기 위해 침대로 들었다.

7월 28일(일요일)/여행 5일째

하이델베르크 _

여행이란 젊은이들에게는 교육의 일부이며 연장자들에게는 경험의 일부이다.

– 베이컨

오늘부터 이탈리아 기사가 우리를 위해 운전한다. 가이드는 이탈리아 기사들이 고집이 세고 거칠기 때문에 함께 일하는 것이 힘들다고 한다. 그런데 우리 기사는 착해 보인다. 일행들이 괜찮으냐며 나에게 아침인사를 건넨다. 걱정해 주는 마음들이 고맙다.

독일의 고성 하이델베르크를 향해 달린다. 아우토반은 역시 아우토반이다. 최 과장은 독일 역사와 우리나라 역사를 비교해 가며 정성을 다해 설명한다. 어제 나 때문에 늦게까지 병원에 있느라고 잠도 잘 못 잤을 텐데… 미안하다.

갑자기 창밖으로 강이 나타나는가 싶더니, 수영모를 쓴 머리들이 강 속에 오글오글하다. 너무 많아 징그럽다는 생각이 들었다. 수영대회가 열리는 모양이다. 사람들이 박수 치며 응원하고 한마디로 축제 분위기다. 가는 날이 장날이라고 오늘은 이 마을에 3종 경

기가 열리는 날이다. 사이클, 수영, 마라톤 경기로 온 마을이 떠들썩하다.

하이델베르크 대학가 끝자락에 있는 카를테오도어 다리 아래로는 네카 강이 흐르고 건너편엔 아름다운 저택들이 저마다의 모습을 뽐내고 있다. 다리 왼쪽에는 건너편을 향해 엉덩이를 보이며 꼬리를 들고 있는 원숭이상이 있다. 사제들과 세속의 왕들 사이에서 끊임없이 일어나는 권력 싸움 속에 만들어진 재미있는 조각상이다.

하이델베르크 광장에 있는 시청사 맞은편 성당은 특이하게도 1층

GOLDENER

CAFE GUNDEL
GUNDEL
RISTORANTE

이 모두 상가다. 기념품을 파는 가게들이 빙 둘러 서 있다. 초창기에는 빵을 파는 가게였다고 한다.

하늘에는 구름 한 점 없다. 하이델베르크 성으로 가는 길, 트램처럼 생긴 후니쿨라를 타고 성으로 올라갔다. 우리를 제일 먼저 반기는 것은 오래된 왼쪽 건물 문 위에 있는 두 명의 천사상이다. 22만

리터의 포도주를 담을 수 있다는 오크통을 실제로 보니 어마어마하게 컸다. 성 위에서 시가지를 내려다보며 두 팔을 뻗으니 내 품에 쏘옥 들어온다.

광장으로 내려와 맛있게 생긴 빵집에서 크림을 굳혀서 만든 빵을 사서 먹으니 너무 달았지만 맛있었다. 먹는 건 어디서나 즐겁다. 영화 '황태자의 첫

사랑'을 찍었다는 카페를 지나 한식집에서 점심으로 김치찌개를 먹었다.

이제 다시 아우토반을 달려 로텐부르크로 간다. 로텐부르크는 중세의 아름다움을 그대로 간직한 도시다. '알프스를 넘어 로마로 가는 길'이라는 뜻으로 붙여진, 독일을 대표하는 관광코스인 로만틱

가게마다 특색 있는 간판들이

각각의 개성을 지닌 채 매력을 발산한다.

너무나 낭만적이다.

가끔 만나는 카페와 레스토랑,

제라늄과 유도화로 장식된

예쁜 창문들을 보니 행복하다.

가도 중심에 위치하고 있다.

로텐부르크에 들어서니 가장 눈에 띄는 것이 간판이다. 가게마다 특색 있는 간판들이 각각의 개성을 지닌 채 매력을 발산한다. 너무나 낭만적이다. 가끔 만나는 카페와 레스토랑, 제라늄과 유도화로 장식된 예쁜 창문들을 보니 행복하다. 갖고 싶은 것이 너무 많다. 여기저기 상점들을 쏘다니며 완구, 식탁매트, 촛대, 러너와 작은 뻐꾸기 벽시계를 샀다. 거리가 너무 예뻐서 핏줄 터진 눈을 하고 걸었더니 다리가 내 다린지 남의 다린지 감각이 없다.

너무나 사랑스런 로텐부르크.

7월 29일(월요일)/여행 6일째

로텐부르크/퓌센/인스부르크 _

자식에게 만 권의 책을 사주는 것보다 만 리 여행을 시키는 것이 더 유익하다.

– 중국속담

어제 묵었던 호텔은 산장식 호텔로 내 취향에 꼭 맞는다. 이번 여행 중 가장 좋았던 호텔이라고 할 수 있을 것 같다. 일찍 잠이 든 탓에 5시 기상인데도 몸이 가뿐하다. 가끔은 일상적인 호텔에서 벗어나 색다른 호텔에서 묵는 것도 좋은 방법이다.

어제저녁 식사를 하려고 식당에 도착하자마자 어른 손톱보다 더 큰 우박과 비가 쏟아졌다. 그렇게 큰 우박은 처음 봤다. 산장 주인이 직접 음식을 하는데 가족 모두 친절하다. 프로방스풍의 예쁜 장식을 가미한 방은 아늑하고 포근하다. 게다가 침구도 양털이라서

더욱 좋았다.

시간마다 치는 성당 종소리가 청아하다. 밤새 쏟아진 비로 공기가 한결 시원하다. 어제 성당에 갔는데 문이 잠겨 있어 그냥 되돌아왔다. 주일이 지났는데 미사도 못 보고 마음이 무겁다. 나중에 고백성사를 드려야 할 것 같다.

오늘은 독일 여행의 마지막 장소인 퓌센을 둘러보고 오스트리아 인스부르크로 넘어간다. 아침에 일어나 남편이 베란다 문을 여니 고양이가 다가와 아는 척을 한다. 내가 나가니까 내 옆을 서성이며 자꾸 자신의 몸을 갖다 댄다. 사랑이 그리운 것 같아 머리를 쓰다듬어주고 몸을 긁어주자 좋다는 표시인지 내 손을 살짝 깨문다. 난

1세대 노부부가 차려준
정통 독일식 아침식사기
따스하고 정겹다.
갓 구운 빵(바게트)이
얼마나 맛있던지
두 개나 먹었다.

고양이를 그다지 좋아하지 않지만 처음 만져본 고양이의 털은 부드러웠다.

예쁘고 사랑스러운 마을에서의 하룻밤. 1세대 노부부가 차려준 정통 독일식 아침식사가 따스하고 정겹다. 갓 구운 빵(바게트)이 얼마나 맛있던지 두 개나 먹었다.

산장 주인과 아쉬운 작별 인사를 하고 퓌센을 향해 출발이다. 실컷 잤는데도 차를 타자마자 잠이 쏟아진다. 정신없이 졸다 보니(가이드는 농악놀이 한다고 표현) 휴게소다. 이곳은 화장실 이용료가 조금 비싸다. 변기의 앉는 부분이 돌아가면서 소독되는데 쭈그러졌다 펴진다. 새로운 모양의 화장실 변기 소독방법이 재미있고 이채롭다.

다시 버스 안에서 최 과장이 재미있는 말을 이어간다. 이탈리아 사람을 꼼짝 못하게 하는 세 가지 방법이 있다고 한다.

- 토마토와 올리브를 못 먹게 하는 것
- 축구를 너무 사랑하므로 축구 경기를 못 보게 하는 것
- 손을 묶어놓는 것(다혈질에 말을 끊임없이 하는데, 항상 손과 함께 말하기 때문)

노이슈반슈타인 성으로 가는 길이 조금 막힌다. 여태까지 쭉쭉 빵빵이었는데 길이 좁아서인지 아니면 관광객이 많아서인지 가는 길이 무척 더디다. 최 과장은 생각지도 않은 교통 체증에 점심식사 시간을 맞추지 못할까 봐 전전긍긍이다. 성에 가까이 갈수록 차 행렬이 꼬리에 꼬리를 문다.

소들은 넓은 초지에서 풀을 뜯느라고 우리에게는 눈길도 주지 않는다. 창밖으로 스쳐 지나가는 길가의 집들은 동화 속에 나오는 집처럼 예쁜데 신기하게도 똑같은 모양이 없다.

노이슈반슈타인 성은 유명 관광지라서 사람들로 인산인해를 이

바그너는 '로엔그린'이라는 설화를 바탕으로 오페라 '로엔그린'을 작곡하였는데 이 오페라를 보고 감명을 받은 루드비히 2세가 노이슈반슈타인 성을 지었다고 한다. 그런데 루드비히 2세는 성을 짓는 17년 동안 정치에는 신경 쓰지 않고 성 짓기에만 몰두하다 결국 폐위되었다고 한다.

동화 속

나라같이

아름다운

노이슈반슈타인 성.

그러나

그 안에는

슬픈 이야기가

가득해

더욱

신비로운 느낌이

드는 곳이다.

룬다. 성 위로 올라가는 버스를 타기 위해 늘어선 줄이 너무 길다. 최 과장은 이리저리 생각을 하더니 걸어갔다 오자고 한다. 30분 정도 편평한 산길을 걷는 것도 좋을 것 같다. 버스를 안 탄 대신에 남는 돈으로 아이스크림을 사준댄다. 등산이 취미인 난 절대 찬성이다. 남편과 열심히 걸어서 성 입구에 도착하니 온몸에서 땀이 줄줄 흐른다. 하루치 운동은 끝내주게 했다. 맑은 공기를 마시며 운동도 하고 아이스크림도 먹고 건강에도 좋고 기분도 좋고 1석 5조쯤 될까?

노이슈반슈타인 성은 역사상 가장 로맨틱하고 드라마틱한 성으

로 손꼽히는 곳이다. 노이슈반슈타인 성을 제대로 이해하기 위해서는 '로엔그린'이라는 독일 설화를 알아야 한다. 중세시대 독일의 전설적 영웅인 '로엔그린'은 공주 엘자를 구출하고 결혼하면서 절대 자신의 신분을 묻지 말라고 부탁한다. 그런데 그만 엘자가 이 약속을 잊어버리고 그의 신분을 묻자, 그는 그녀를 떠나 다시는 돌아오지 않는다.

작곡가 바그너는 이 설화를 바탕으로 오페라 '로엔그린'을 작곡하였는데 이 오페라를 보고 깊은 감명을 받은 루드비히 2세가 노이슈반슈타인 성을 지었다고 한다. 그런데 루드비히 2세는 노이슈반슈타인 성을 짓는 17

년 동안 정치에는 신경 쓰지 않고 성 짓기에만 몰두했다. 그래서 신하들은 루드비히 2세를 정신병으로 몰아 폐위시킨다. 결국 루드비히 2세는 베르크 성에서 유배생활을 하다가 의문의 사고로 슈타른베르크 호수에서 생을 마감하게 된다. 동화 속 나라같이 아름다운 노이슈반슈타인 성. 그러나 그 안에는 슬픈 이야기가 가득해 더욱 신비로운 느낌이 드는 곳이다.

성의 내부를 보려면 별도의 가이드 투어 입장권을 사서 들어가야 한다. 마리엔 다리 위에 서면 아찔함도 잊게 할 아름다운 풍경이 눈앞에 펼쳐진다. 노이슈반슈타인 성을 한눈에 볼 수 있기 때문에 많은 관광객들이 한 번씩은 찾는 베스트 포토 존이다. 월트 디즈니는 노이슈반슈타인 성을 모델로 디즈니랜드에 성을 만들었다.

대리석과 화강암으로 이렇게 큰 성을 산 위에 만들었으니 백성들의 고혈을 얼마나 빨았을까? 어마어마한 성 규모에 한 번 놀라고, 아름답고 정교함에 두 번 놀란다.

내려오는 발걸음은 가볍고 경쾌하다. 두 마리씩 끄는 말 마차가 눈에 거슬린다. 불쌍한 말들! 올라오는 모습을 보니 너무 힘들어서 그런지 걸음은 더디고, 코에서는 '푸푸' 하며 단김을 내뿜는다. 나 같으면 말들이 가여워서 마차를 타지 못할 것 같다. 또 측은지심 발동. 하지만 말들도 돈을 벌어야 하는 운명이니 타는 게 옳은 건지도. 이런 아이러니가~

갑자기 먹구름이 끼더니 비가 쏟아진다. 한차례 지나가는 소나기인 모양이다. 주차장에 먼저 도착하여 버스 안에서 일행을 기다리자니, 다른 이탈리아 버스 기사가 와서 우리 기사 아저씨와 끝도 없이 떠들어댄다. 무슨 토론 대회에 나온 것도 아니고 싸우는 것처럼 너무 시끄러워 머리가 다 띵띵 아프다. 이탈리아 사람은 말 못하다 죽은 귀신이라도 붙은 걸까? 정말 에너지가 넘친다.

점심식사가 늦어졌는데 메뉴가 중식이라니 아침에 산장호텔에서 가져온 빵으로 대체해 먹어야겠다. 화장실 거울에 비친 눈이 아직도 빨갛다.

독일은 퓌센을 끝으로 안녕이다. 이제 오스트리아 산악도시인 인스부르크로 간다. 버스 안에 잔잔히 흐르는 음악을 자장가 삼아 신나게 졸았다.

인스부르크는 인(Inn) 강의 다리라는 뜻이다. 옛 도시에 있는 좁다란 길 양옆에는 17~18세기 가옥들이 고풍스러움을 더한다. 많은 건물들 중에서 가장 유명한 것은 반짝이는 황금 지붕이다. 이 건물은 1494년 막시밀리안 대제가 광장에서 개최되는 행사를 관람하기 위해 만들었으며 2,657장의 금박동판을 씌워 황금 지붕이라고 불리게 되었다. 지금은 막시밀리아노임 박물관으로 사용하는데 막시밀리안 1세의 보물과 기타 여러 가지 자료를 전시하고 있다.

인스부르크 중심을 가로지르는 마리아 테레지아 거리는 신성로

마제국 카를 6세의 장녀이며 남편 프란츠 1세와 함께 통치를 했던 마리아 테레지아 왕비의 이름을 딴 것이다. 마리아 테레지아는 뛰어난 정치력을 발휘하여 제국을 이끌었고 프랑스 루이 16세의 왕비 마리 앙투아네트를 비롯한 16명의 자녀를 두었다.

이 거리는 도시를 남북으로 가르고 있으며 시 관광을 시작하기에 좋은 장소다. 티롤 지역 복장을 한 행인들이 지나가는 여유로운 오후다. 이 거리에 스와로브스키 본사가 있다. 진열되어 있는 많은 상품들 중에서 마음에 드는 예쁜 팔찌를 하나 샀다.

건물은 햇빛을 많이 받기 위해서 테라스와 창문이 튀어나와 있는데, 이방인에게는 그 자체가 색다른 인테리어다. 너무 예쁘고 아기자기하다. 호텔로 가는 길도 멋있다. 왼쪽으로 펼쳐지는 알프스 산자락에 걸려 있는 운해와 어울려 장관이다.

호텔에 도착하니 엘리베이터를 수리하는 중이라 사방이 어수선하다. 할 수 없이 계단을 통해 무거운 트렁크를 질질 끌고 올라갔다. 이건 또 무슨 황당한 사건이람? 유럽은 우리네 1층이 0층이고 2층이 1층이다. 호텔에서 간단하게 저녁을 먹고 누웠는데 도로 옆이라 그런지 너무 시끄럽다. 또 다른 내일을 기대하며 간신히 잠에 빠져든다.

7월 30일(화요일)/여행 7일째

베니스 _

여행과 변화를 사랑하는 사람은 생명이 있는 사람이다.

– 바그너

베네치아로 가는 고속도로 주변으로 알프스 전경이 펼쳐진다. 이제부터는 계속 남쪽으로 내려간다. 기후변화로 만년설이 많이 녹아내렸지만, 그래도 하얀 눈으로 덮인 알프스를 가까운 곳에서 바라보니 명산의 정기가 내게 오는 것 같다. 주변의 집들은 평화로운 하루를 시작하고 있다.

나도 모르게 "저기서 살고 싶다" 했더니, 남편이 "사줄게" 하면서 사진을 찍는다. 재치 있는 남편.

날씨는 잔뜩 흐리다. 더울 거라는 가이드의 말과는 반대로 선선할 것 같은 예감이다. 터널을 지나 이탈리아로 들어가며 서서히 알프스 자락을 벗어난다. 이탈리아는 어떤 모습으로 다가올까? 오늘부터 6일간은 이탈리아를 체험하고 사랑할 차례다.

이탈리아 국경을 넘으니 언제 비가 왔냐는 듯이 하늘이 맑게 개었다. 지중해의 태양이 밝게 빛난다. 아! 꿈에 그리던 이탈리아다.

첫 번째 휴게소에서는 화장실 사용료를 받지 않았다. 우리나라 사람과 성향이 비슷해서 그런지 인심도 후하다. 최 과장이 시키는 대로 "뻬르빠뽀레(please) 우노(1잔) 에스프레소" 하면서 씩씩하게 말했다. 마치 이탈리아 사람이 된 것 같아 웃음이 나온다. 이참에 이탈리아어를 좀 배워볼까? 하는 생각이 든다. 에스프레소 맛은 우리나라에서 먹는 것과 비슷하다. 그래도 몇 년 전에 슬로베니아의

작은 마을에서 먹었던 에스프레소 맛을 잊을 수 없다.

날씨는 정말 좋다. 바람은 살랑살랑. 햇볕은 쨍!

버스는 다리를 건너 베니스로 들어간다. 1년에 5천만 명 이상의 관광객이 방문한다는 베니스는 도도한 수상도시다. 교통수단은 주로 수로를 이용하는데 수상택시와 버스, 병원선, 경찰쾌속선, 수동식 곤돌라 등 모든 형태의 수상운송기관이 운하를 정기적으로 오고 간다.

도심에서 자동차를 운전하는 것이 금지되어 있기 때문에 간선도로를 타고 구시가지까지 들어온 자동차는 시 외곽에 마련되어 있는 주차장에 세워놓아야 한다. 베니스에 일단 들어오면 주차비가 버스 한 대당 60~70만 원 정도 한다고 한다. 이렇게 벌어들인 돈으로 베니스를 보존하고 세계적인 관광지로 만드는 모양이다.

베니스는 아드리아 해 갯벌 위에 나무 말뚝을 박고 섬을 만들었다. 813년부터 만들기 시작하여 1600년경에 완성되었는데 118개의 섬 중에서 6개만 자연 섬이다.

베니스 현지 가이드가 나왔다. 자신의 직업에 최선을 다하는 모습이 열정적이다. 자유의 다리를 건너 제일 먼저 탄식의 다리를 봤다. 탄식의 다리는 두칼레 궁과 피리지오니 누오베라는 감옥을 연결시키는 조그만 다리다. 죄수들이 두칼레 궁에서 재판을 받고 나와 이 다리를 건너면 세상과 완전히 단절된다는 의미에서 한숨을

내쉬었다고 하여 '탄식의 다리'라는 이름이 붙여졌다고 한다. 이 감옥에서 탈출한 사람은 작가이자 바람둥이였던 카사노바 단 한 사람뿐이었다.

베니스에 오면 꼭 타봐야 하는 곤돌라는 학교에서 정식으로 교육을 받은 젊은 남자들이 손으로 노를 저으며 운하를 구석구석 돌아온다. 빨간 벨벳으로 의자를 만든 고급스러운 곤돌라는 만드는 것도 매우 힘들

다고 한다. 뜨거운 태양 아래 자부심을 갖고 열심히 노를 저으며 밝게 웃는 젊은이들의 표정이 행복해 보인다.

가이드를 따라 골목길을 요리조리 걷다 보니 산마르코 광장이 눈앞에 나타났다. 산마르코 광장은 두칼레 궁전과 산마르코 성당 앞에 있는 광장으로 길이 175m, 폭 80m의 대리석으로 만들어졌다. 광장 주변에는 회랑이 설치되어 있으

며 명품을 파는 고급 상점들이 입점해 있다. 플로리안이라는 유명한 카페에서 베니스의 음악가 비발디의 사계를 연주하는데 오가는 관광객의 즐거움 또한 배가된다.

광장 입구 정면으로 들어가면, 베니스를 상징하는 날개 달린 사자와 엠마누엘 2세 동상이 있는 오벨리스크 기둥이 우뚝 솟아 있고, 오른편으로 두칼레 궁

전이 위용을 자랑한다. 건물 외관 벽은 네 잎 클로버로 장식되어 있다. 가이드 말에 따르면 클로버 개수는 지위를 나타낸다고 한다. 광장 정면에 있는 산마르코 성당에 들어가는 줄이 꽤 길다. 배낭을 멘 사람은 들어갈 수 없다고 하여 나만 혼자 들어갔다가 나왔다. 성당 안은 웅장하고 엄숙하며 많은 조각상과 그림들이 성당의 역사를 말해 주었다.

어제는 44도까지 올라갔다는데, 비가 내리고 난 오늘은 햇살만 쨍하지 그렇게 덥지는 않다. 모이는 시간까지 여유가 좀 있어서 광장에 늘어선 카페에 들어갔다. 느물느물한 웃음을 지으며 다가오는 웨이터(나이가 든 노인)에게 홀려 남편과 나는 3만 원이나 하는 비싼 아이스크림을 사먹었다. 에구~ 내가 무슨 부자라고. 돈을 너무 헛되게 쓴 것 같아 꺼림칙하지만 맛은 좋았다. 유명 관광지의 극성스런 바가지 상혼, 씁쓸하다.

이제 조를 짜서 수상택시를 탈 모양이다. 우리 조는 '오드리 될뻔' 조다. 이름이 너무 웃긴다. 수신기를 귀에 꽂고 물 위를 달린다. 가이드는 주변 건물을 설명하느라고 정신이 없는데, 일행들은 제각각 사진을 찍느라고 정신이 없다. 바람을 맞으며 달리니 가슴이 뻥 뚫린다. 이래서 여행은 중독되는 모양이다. 이제 선착장이다. 어마어마하게 큰 크루즈가 들어와 있다. 오늘은 운 좋게 한 대밖에 없는데, 많을 때는 관광객들에게 치어 걷기도 힘들다고 한다.

물고기 모양으로 생긴 112개의 인공 섬에 나무 막대를 수없이 박

고 그 위에 콘크리트와 벽돌로 집을 지었다는 게 불가사의다. 바닷물에 잠긴 나무 막대는 소금을 만나 화학적 작용을 일으켜 아주 단단하게 된다니 더욱더 신기할 수밖에.

빡세게 구경했더니 피곤하다. 일찍 호텔에 들어와서 현지식으로 저녁식사를 했다. 메인 메뉴로 치킨이 나와서 빵만 먹고 일찍 방으로 왔다. 씻고 누워 천장을 바라보니 바닷물이 남실대는 운하 사이의 집들이 눈에 선하다.

7월 31일(수요일)/여행 8일째

_ 피렌체

여행은 나에게 있어 정신을 다시금 젊어지게 해주는 샘이다.

– 안데르센

오늘은 르네상스의 발상지이자 꽃의 도시인 피렌체를 보고 느낀다. 피렌체가 번영을 구가할 수 있었던 것은 훌륭한 메디치 가문 때문이다. 메디치 가문의 코시모와 그 손자 로렌초는 자기가 가지고 있는 큰 부와 권력을 시민복지와 공공시설 투자에 쓰고 교육, 인문학, 예술 발전을 적극 후원했다. 다빈치, 미켈란젤로, 라파엘로, 보카치오 등의 예술가와 인문주의자들이 메디치 가문의 초빙과 지원 아래 활동할 수 있었다.

피렌체 시내에 들어서니 흰색과 붉은색의 유도화가 울긋불긋하다. 키 큰 소나무가 우산처럼 생겼는데 그늘을 만들어준다. 나무

를 좋아하는 나는 특히 소나무를 보면 기분이 좋다. 이곳 소나무는 우리나라에서 보던 소나무하고는 품종이 다른데 매끈한 몸매와 큰 키, 풍성하고 아름다운 우산 모양을 한 솔잎이 피렌체 거리를 우아하게 한다. 500년 전부터 형성된 도시는 도로가 좁고 골목골목으로 되어 있어 자칫하다가는 길을 잃어버리기 쉽다. 도시 왼쪽으로는 아르노 강이 피사까지 흘러간다.

중식으로 점심식사를 하고 꽃의 두오모 성당인 산타마리아 델 피오레 성당을 구경했다. 아름다운 꽃의 성모 마리아 성당 두오모는

피렌체 시내 어떤 외진 곳에서도 두오모의 아치형 돔의 일부분이 보일 정도로 거대하고 화려하다. 성당 광장에는 관광객을 위한 마차가 준비되어 있다. 대리석 모자이크 장식의 외관이 화려한데, 1292년에 짓기 시작하여 1436년에 완공되었다. 성당 안을 관람하려는 줄이 길다.

성당 정문은 나무로 조각되어 있는데 정교하고 아름답다. 내부는 고딕 양식의 아치와 돔으로 장식되어 있다. 흰색, 녹색, 붉은색의 천연 대리석이 장관이다. 붉은 벽돌의 돔은 영화 '냉정과 열정 사이'에 나온 곳이라고 한다. 성당의 규모나 아름다움은 몇 번을 말해도 부족할 정도다. 한가운데 계시는 주님께 꽃모양의 촛대에 불을 밝히고 감사 기도를 드렸

다. 조용하고 엄숙한 실내에 섬세한 스테인드글라스 창을 통해 한줄기 햇빛이 들어온다. 마음이 평온하다. 관광객들이 직접 종탑까지 올라갈 수 있으며 시내를 한눈에 내려다볼 수 있다. 성당 왼쪽의 독수리가 올려다보고 있는 조각상은 단테의 동상이다.

성당 맞은편에 있는 천국의 문에는 황금색으로 10가지 구약성경 말씀이 새겨져 있다. 여기서 두오모란 그 도시를 대표하는 성당을 말한다. 피렌체 두오모 성당은 세계에서 네 번째로 큰 성당이다. 두오모 성당 주변에는 볼거리가 많다. 두오모 부속 미술관은 미켈란젤로의 피에타, 도나텔로의 막달라 마리아 등의 예술품을 소장하고 있다.

이 성당 세례당에서 세례를 받은 단테의 생가를

보기 위해 골목골목을 돌았다. 생가에 도착하니, 일행 중 한 명이 자기 남편이 안 보인다고 한다. 중간에 따라오다가 길이 어긋났나 보다. 단테의 생가는 주택가 골목길에 있는데 알고 가지 않으면 그냥 지나칠 정도로 눈에 띄지 않는다.

담 벽에 조각된 단테의 토르소 아래로 소박한 꽃다발이 놓여 있다. 현재는 미술작품을 전시하는 갤러리로 사용된다. 기대를 많이 해서일까, 위대한 작가의 생가치고는 너무나 초라하다는 생각이 든다. 바닥의 돌 위에 물을 뿌리면 단테의 얼굴 모양이 나타나는데, 단테를 사랑하는 누군가가 조각해 놓은 것이라고 한다. 보카치오의 『데카메론』, 마키아벨리의 『군주론』과 함께 유명한 단테의 『신곡』도 이곳에서 썼다고 하니, 감회가 새롭다.

단테의 생가 골목을 지나 시뇨리아 광장으로 나왔다. 광장에는 햇볕이 이글거리고 사람들로 인산인해다.

시뇨리아 광장은 피렌체 사람뿐만 아니라 관광객들이 모이는 장소며, 정치적인 연설과 시위가 열리는 장소다. 광장에는 복제품을 비롯한 많은 예술작품들이 즐비하다. 곳곳에서 팬터마임이 열리고 수많은 관광객이 그늘을 찾아 휴식을 취하고 있다. 복제품인 미켈란젤로의 다비드상 엉덩이가 특히 매력적이라고 가이드가 너스레

RISTORANTE

를 떤다(원본은 아카데미아 미술관에 있다). 나체 청년의 단단하고 탄력 있는 근육이 살아 움직일 것 같다.

시뇨리아 광장에 면해 있는 고딕 건물인 베키오 궁전에는 높이 94m나 되는 종탑이 우뚝 서 있다. 현재 피렌체의 시청사로 사용되고 있으며 시청 왼쪽에는 포세이돈상이 있다.

이제 다시 버스를 타고 A1 고속도로를 달려 로마로 간다. 고 박정희 대통령이 이 고속도로를 모델로 경부고속도로를 건설했다고 한다.

이탈리아는 가족문화가 형성되어 있고 무덤이 없다고 한다. 이탈리아 사람들은 퇴근 후에는 집에서 가족들과 이야기를 나누며 식사를 한다. 그래서 우리나라처럼 밤 문화가 발달하지 않았다고 한다. 건전하고 바른 생각을 가진 국민이다. 여름엔 덥고 건조하며, 겨울엔 춥고 습하기 때문에 대부분 산꼭대기에 마을을 이루고 산다. 창밖을 보니 진짜 신기하게도 산꼭대기에 마을이 있다.

고속도로를 빠져 나오자마자 '초원의 가든'이라는 한식집에서 돼지불고기와 된장찌개, 쌈과 함께 오랜만에 푸짐한 저녁을 먹고 로마 시 외곽 휴양지에 있는 호텔 '퓨즈'로 들어왔다. 물이 샜는지 벽지는 얼룩이 졌고 오래되었지만, 지난번 호텔보다 넓고 운치가 있어 좋다. 이곳에서 3일 동안 머물 예정이다.

짐을 풀고 남편과 함께 번화가로 나갔다. 휴양지라 그런지 상점마다 불이 환하고 관광객들로 붐빈다. 가이드가 알려준 대로 화덕피자 만드는 집에서 마르게리타 피자를 먹었다. 맛이 정말 좋다. 저녁을 먹어서 배가 부른데도 계속해서 피자가 들어간다.

무심코 귀를 만졌는데 귀고리가 손에 잡힌다. 아까 상점에서 끼워보고 한 짝을 모르고 달고 온 모양이다. 서둘러서 귀걸이를 가져다주니, "그라쩨" 하면서 고마워한다. 난 미안해서 안절부절못하는데, 정말 이해심 많은 사람이다.

호텔로 돌아온 남편은 그동안 밀린 빨래를 하느라고 분주하다.

8월 1일(목요일)/여행 9일째

_ 폼페이/소렌토/나폴리/카프리

여행은 다른 문화, 다른 사람을 만나고 결국에는 자기 자신을 만나는 것이다.

– 한비야

어느새 일정도 반을 넘어서고 있다. 오늘은 짐을 놔두고 투어를 한다. 차는 그대로고 기사만 바뀌었다. 같은 이탈리아 기사로, 이름은 '안토니오'다. 까무잡잡하고 우직하게 생긴 아저씨다.

남쪽에 있는 나폼소(나폴리, 폼페이, 소렌토)를 보고 다시 로마로 오는 일정이다. 2시간 정도 A1 고속도로를 달려 제일 먼저 폼페이에 도착했다.

폼페이는 79년 베수비오 화산의 폭발로 도시 전체가 주민과 함께 화산재에 파묻히는 비극적인 운명을 맞이한 도시다. 화산이 폭발하

면서 나온 화산재와 용암이 응결하면서 모든 물체를 미라 형상으로 만들어버렸다. 로마 박물관에 전시된 인간 화석을 제외하고 그 당시의 참상을 알려주는 화석이 비만 가려진 채 관광객을 맞이한다.

자다가 죽은 남자, 유황가스를 피하려 코를 막고 죽은 소년, 아기를 보호하는 자세로 죽음을 맞이한 임산부를 보며 당시의 처참했던 상황을 상상해 보

자다가 죽은 남자,
유황가스를 피해 코를 막고 죽은 소년,
아기를 보호하는 자세로 죽음을 맞이한
임산부를 보며 당시의 처참했던 상황을
상상해 보았다.

았다.

상수도와 하수도가 로마시대부터 있었다는 것이 신기하다. 하수는 말이 다니는 마찻길로 배수되도록 하고 인도는 마찻길보다 좀 더 높게 하여 그 밑으로 상수도가 지나가게 해놓았다. 목욕을 즐겼던 로마인들은 그 당시 이미 사우나 실을 만들고 그 열기를 온돌처럼 벽으로 통하게 하여 목욕탕이 식지 않도록 하였다. 천장에는 물방울이 맺혀도 떨어지지 않도록 골을 파서 옆으로 흘러내리게 하였다. 오늘날과 다름없는 형태의 목욕탕을 보며 감탄하느라고 입이 다물어지지 않는다.

오늘날 음식점이나 카페와 같았던 중심지역을 지나 원형 오페라 극장에 들어섰다. 무대를 중심으로 앞쪽에는 VIP석이 대리석으로 만들어져 있고, 사이사이 다닐 수 있는 통로가 있는데 오늘날 극장과 똑같은 모습이다. 2천 년 전 로마인들의 과학적인 지식과 지혜가 얼마나 뛰어났는지 알 수 있다. 가이드가 '산타루치아'를 한 곡조 뽑으니 원형 극장에 메아리치듯 울려 퍼진다. 다른 관광객들도 모두 박수를 치며 격려해 준다. 이탈리아에 공부하러 왔다가 한눈에 반한 로마 출신 여인과 재미있게 살아간다는 가이드가 멋져 보인다.

날씨는 무덥지만 바람이 불어서 그늘에 들어서면 시원하다. 폼페이 근처의 이탈리아 식당에서 점심으로 파스타를 먹었는데, 정말 맛있었다. 이탈리아 사람들은 토마토와 올리브

오일, 발사믹 식초를 먹어서 그런지 세계에서 최고 장수 국가에 속한다.

뜨거운 햇볕이 정열의 나라 이탈리아에 사정없이 쏟아져 내린다. 점심식사를 마치고 소렌토행 기차에 올랐다. 창밖으로 지나가는 마을 풍경을 바라보니 어릴 적 생각이 난다. 어느 곳이나 사람 사는

방식은 비슷한 모양이다. 예전 우리나라의 통일호나 비둘기호 정도 되는 낡은 기차는 30분을 달려 소렌토 역에 도착했다.

소렌토는 나폴리 만을 사이에 두고 나폴리와 마주하고 있다. 오렌지와 레몬 숲으로 둘러싸여 있으며 역사와 예술을 자랑하는 평화와 고요의 천국이다.

시내를 관통하여 멋진 바위 위에 지어진 도시 소렌토는 정신을 쏙 빼놓을 정도로 아름답다. 나폴리 민요 '돌아오라 소렌토로' 가 입속에서 자꾸 비집고 나오려고 한다. 나도 모르게 가슴이 뭉클해진다. 해변에는 인간 삼겹살(가이드 말)이 이글거리는 태양 아래 맛있게 익어가고 있다. 에메랄드빛 지중해 바닷물에 굴절되어 보이는 햇빛이 환상적이다. 부지런히 발을 옮겨 1시 30분에 떠나는 배를 타고 앞쪽에 펼쳐진 카프리 섬으로 향한다.

갑자기 영국 시인 윌리엄 예이츠의 서정시 '이니스프리의 호도' 가 생각난다.

나 이제 일어나 가련다 이니스프리로 가련다
거기 나뭇가지와 진흙으로 오막살이 짓고
아홉 이랑의 콩밭과 꿀벌 통 하나
벌이 잉잉대는 숲 속에서 홀로 살련다

그러면 내 마음 평화로우리
평화는 고요히 오는 것
아침의 풀 대롱으로부터 귀뚜라미 우는 저녁까지
평화는 가만히 내려오는 것
밤중은 부옇게 빛나고 대낮은 환한 자줏빛

저녁이면 숲으로 깃드는 홍방울새 날갯소리

나 이제 일어나 가련다
밤이나 낮이나
호숫가에 찰랑대는 그 물결소리
가로에서도 잿빛 포장도로에서도
가슴속 깊이 그 물결소리만 들리네

그곳은 또 어떤 모습일까? 배는 물살을 가르며 카프리를 향해 나아간다. 시원한 실내에서 열심히 졸고 있는데 가이드가 입구 쪽으로 나오란다. 2층으로 된 배는 외국인 한국인 할 것 없이 초만원이다. 드디어 카프리 섬에 닿았다. 내리자마자 미리 대기 중인 택시에 나누어 탔다. 숙달된 운전기사는 아찔한 절벽을 요리조리 피해

가며 산을 향해 달린다. 거의 007 작전을 방불케 한다. 지나치는 집들이 예쁘다. 이 높은 절벽 위에 집을 짓고 매일매일 바다를 바라보며 사는 사람들은 얼마나 좋을까? 포근하고 따뜻한 지중해 남쪽 바다.

택시에서 내린 곳은 175m 고지에 위치하고 있는 카프리 마을을 가기 위해 리프트를 탈 수 있는 움베르토 광장이다. 한 사람씩 리프트를 타고 카프리 시내가 한눈에 내려다보이는 꼭대기로 대롱대롱 매달려 올라간다. 햇볕이 장난 아니게 뜨겁다. 얼굴과 상체는 양산으로 가렸지만 무자비한 태양에 노출된 발등은 뜨겁다고 난리다.

아름다운 섬 카프리! 정말 잘 온 것 같다. 자신의 그림을 파는 여류화가한테서 해가 떠오르는 카프리 섬을 그린 그림을 한 점 샀다. 내가 좋아하는 그림을 사서 행복하다.

내려갈 때는 섬의 대중교통인 작은 버스를 타고 갔다. 항구에서 잠시 쉬면서 나폴리행 배를 기다렸다. 가이드가 사준 간식 바나나를 먹으면서. 주변에는 카페와 기념품 가게들이 즐비하다. 기다리는 동안 자갈이 깔린 해변가 바닷물에 발을 담갔다. 물이 깨끗하고 시원하다.

시드니, 리우데자네이루와 함께 3대 미(美)항인 나폴리를 향해 배는 서서히 움직인다. 안녕 카프리! 다시 오고 싶은 예쁜 섬.

나폴리는 거대한 항구도시이자 전통적으로 빈곤한 메초조르노(이탈리아 남부지역)의 금융 중심지다. 나폴리는 항해를 마치고 돌아오는 배 안에서 항구를 바라볼 때가 가장 아름답다고 한다. 겨울에도 영하로 내려가지 않는 나폴리는 물에 석회 성분이 많아 물을 받아놓으면 석회가루가 가라앉는다.

2천 년 전에 만들어진 도로 옆으로 비닐하우스가 보인다. 거리에는 집 없는 사람들이 나무그늘 밑에 종이박스를 깔고 잠을 잔다. 여기저기 쓰레기가 쌓여 있고 휴지가 바람에 날린다. 듣기만 해도 가슴 설레게 하던 나폴리가 맞는지 의심스러울 정도다.

이제 로마로 간다. 버스, 기차, 택시, 리프트, 배 등 각종 교통수단을 다 이용한 역동적인 하루의 일과가 저문다. 내일 일정인 로마 바티칸 관광을 위해 빨리 자야겠다.

8월 2일(금요일)/여행 10일째

로마 _

진정한 여행의 발견은 새로운 풍경을 보는 것이 아니라, 새로운 눈을 갖는 것이다.

– 마르셀푸르스키

오늘은 이번 여행의 하이라이트. 여행 목적이라고 할 수도 있는 가톨릭의 본산 바티칸을 가는 날이다. 가난하고 불쌍한 이를 먼저 생각하고 당신도 그렇게 살려고 노력하는 프란치스코 교황님이 계신 곳이다. 마침내 TV로만 보던 베드로 성당을 간다. 정말 기대된다. 미켈란젤로의 '천지창조'를 보는 날.

아침 일찍 서둘러 로컬버스로 바티칸 궁을 향해 떠났다. 최 과장은 궁에 들어가려면 기다리는 시간이 짧아야 1시간 반이고, 길면 3시간 이상 줄을 서야 한다며 겁을 준다. 휴가기간이라서 그런지 아

니면 이른 아침이라 그런지 시내도로는 그다지 막히지 않고 잘 달린다. 1시간 20분 정도 달렸을까? 바티칸 궁 앞에 다다랐을 때 최 과장의 놀라는 소리가 들린다. 담 벽으로 늘어선 줄이 길지 않다는 것이다. 어김없이 오늘도 우린 운이 좋다. 아니 주님께서 도와주신 결과겠지.

입장하는 데 30분 정도 걸린 것 같다. 미리 나와 있던 현지 가이드가 우릴 안내했다. 제일 먼저 시스티나 성당 안 천장벽화에 대

한 설명을 뙤약볕 아래에서 들었다. 성당 안에서는 몰려드는 인파 속에서 설명이 불가능하고, 사진도 찍을 수 없기 때문이다. 햇살이 얼마나 강한지 양산을 썼는데도 얼굴이 따갑다. 오늘은 다른 날보다 기온이 그렇게 높지 않은데도 말이다.

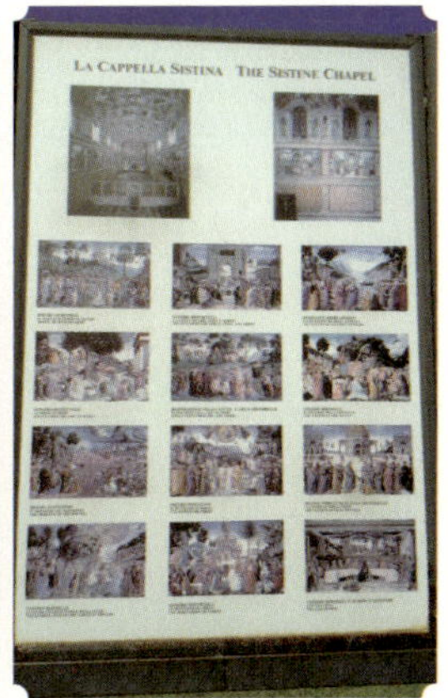

지도관, 카펫관, 파르테논 신전관 등을 둘러보고 시스티나 성당으로 들어갔다. 그 유명한 천장의 '천지창조'와 양쪽 벽의 '최후의 심판'을 눈으로 확인하는 순간, 숨이 탁 막힌다. 미켈란젤로는 이 그림을 수년 간 그리고도 90살까지 살았다는데, 그의 능력은 초인간적인 것이 아닐는지. 천장 꼭대기에 매달려 매일 혼자서 외로운 싸움을 해나간 천재화가! 밑그림도 없이 어떻게 이런 불멸의 벽화를 그린 것일까? 그에게 수천수만 번 찬사를 보내도 모자랄 것 같다.

프란치스코 교황님을 선출하고 흰 연기를 내보냈다는 바로 그 자리에 서서 콘클라베를 치르신 주교님들을 생각했다.

얼이 빠진 모습으로 시스티나 성당을 나와 성 베드로 성당으로 들어갔다. 성당 오른쪽 유리관에 계시는 성모님의 고통스러운 모습을 바라보니 친정엄마 생각이 난다. 십자가에서 돌아가신 아들을 내려

프란치스코 교황님을 선출하고

흰 연기를 내보냈다는 바로 그 자리에 서서

콘클라베를 치르신 주교님들을 생각했다.

가슴에 안고 계시는 마리아를 조각한 피에타상이다. 자식 잃은 고통을 그 무엇과 비교할 수 있을까?

교황님께서 미사를 집전하시는 제단인 천개를 비롯한 수많은 조각상을 자세히 볼 수 없었다. 주어진 시간이 부족하고, 성수를 떠가야 하는 목적이 있었기 때문이다.

30분이란 시간은 너무나 짧다. 성수도 찾아야지, 성물도 사야지, 성당 내부도 보고 잠깐 동안이라도 기도드려야지. 무슨 도떼기시장도 아니고 마음만 급하다. 수많은 관광객들과 부딪치지 않으려고 이리 달리고 저리 뛰어다녔다. 귀중한 베드로 성당을 자세히 보지 못한 게 못내 아쉽다. 나중에 다시 와야겠다는 생각이 간절하다.

마침 성물방에는 한국 수녀님이 성물을 팔고 계신다. 타국에서 우리나라 수녀님을 만나니 너무 반갑다. 십자고상, 성모님상, 묵주, 본당 신부님께 드릴 은으로 만든 프란치스코 교황님상 등을 샀다. 수녀님께서 귀한 성수를 2통이나 선물로 주셨다. 감사한 마음으로 약속장소로 걸어 나오는데, 아영이가 사다 달라던 미사포를 안 산 것이 생각났다. 에구~ 이 정신머리. 어쩌나, 입장하려면 다시 줄을

서서 또다시 검사받아야 하는데 시간은 없고… 마음 한구석이 빈 듯하다. 다음 도시를 방문할 때 살 수 있으면 좋으련만.

한식집에서 김치찌개와 돼지불고기, 상추쌈으로 점심을 먹었다. 남편이 얼려져 있는 냉커피를 사왔다. 이게 얼마 만에 먹어보는 냉커피? 달달하니 정말 맛있다. 천천히 맛을 음미하며 벤츠를 타고 로마 시내 투어에 나섰다.

로마인들의 과학 집산지인 콜로세움을 먼저 보고 포로로마노로

갔다. 로마의 중심지로 상업, 정치, 종교 등 시민 생활에 필요한 기관이 밀집해 있는 곳이다. 로마의 흥망성쇠를 한눈에 보니 세월의 무상함이 느껴진다.

벤츠 기사는 내리거나 탈 때 문을 열어주며 항상 싱긋 웃는다. 친절이 몸에 밴 것 같다.

베네치아 광장을 보고 영화 '로마의 휴일'의 무대였던 스페인 광장으로 갔다. 오드리 헵번이 앉았던 광장 그 계단에 나도 앉아 보았

2천 년 전의 로마 모습을

후대인들이 볼 수 있도록

수고해 준 모든 분들께 감사드렸다.

문화유산을 잘 보존하고 가꾼

로마인들에게 박수를 보낸다.

오드리 헵번과 그레고리 펙.

젤라또 아이스크림을 먹으며 요염하게 앉아 있던

그녀의 모습이 얼마나 아름다웠는지.

그러나 남편이 찍은 사진 속에는 요염은커녕

웬 펑퍼짐한 아줌마가 웃고 있다.

다. 젤라또 아이스크림을 먹으며 요염하게 앉아 있던 그녀의 모습이 얼마나 아름다웠는지. 그러나 남편이 찍은 사진 속에는 요염은 커녕 웬 펑퍼짐한 아줌마가 웃고 있다.

오드리 헵번과 그레고리 펙의 명연기로 더욱 유명해진 장소들을 차례로 둘러보며 2천 년 전의 로마 모습을 후대인들이 볼 수 있도록 수고해 준 모든 분들께 감사드렸다. 문화유산을 잘 보존하고 가꾼

로마인들에게 박수를 보낸다. 약속의 트레비 분수에서 다시 로마를 찾을 수 있도록 도와달라고 동전 한 닢을 던졌다.

8월 3일(토요일)/여행 11일째

_ 피사

짐은 반으로, 경비는 두 배로.

– 리차드 불스

벌써 여행의 3분의 2가 지나갔다. 모든 일이 시작이 있으면 끝이 있는 법이지만, 여행은 특히 아쉽다. 3일 동안 묵었던 로마를 떠나 피사로 간다.

아침 일찍 서둘러 피사를 향해 출발한 덕에(최 과장의 선견지명) 피서를 떠나는 인파 행렬과 부딪치지 않고 빠른 시간 안에 피사에 도착할 수 있었다. 쏟아지는 햇살을 받으며 10분 이상을 걸어 중국 음식점에서 점심을 먹었다. 이 유명한 관광지에 음식점이라고는 달랑 중국집 하나다. 아침에 가져온 마지막 컵라면에 중국차를 부어 꾸역꾸역 점심으로 때웠다. 원래 비위도 약한 데다 고기와 기

름진 것을 싫어하는 내게는 중국 음식이 제일 고역이다. 그늘은 보이지 않고 관광객과 남의 지갑을 노리는 도둑들과 뒤섞여 밀려가고 밀려오고 북새통이다. 햇볕은 피부 속으로 깊게 스며들어 금방이라도 익을 것 같다.

어디에 피사의 사탑이 있다는 걸까? 철길을 건너 높고 길게 쌓아 올린 벽돌담 벽을 따라 15분쯤 걸었을까? 커다란 문으로 들어서니

사진으로 봤던 피사의 사탑이다. 갈릴레이가 낙하 실험을 했다는 탑은 생각보다 높지 않았다. 많은 사람들이 오른쪽으로 기울어진 사탑을 밀어 올리는 모습을 하며 사진을 찍어댄다.

USCITA

피사의 사탑은 현재 기울기가 5° 30′로 매년 1mm씩 기운다고 한다. 이 사탑의 높이는 지상으로부터 54.5m이다. 1174년에 착공하여 10m 높이에 이르렀을 때 지반이 내려 앉아 공사를 중단했다가 다시 건설하여 1350년에 8층탑으로 완공하였다. 내부에 294개의 계단이 있으며 정상에 오르면 시가지 전경을 감상할 수 있다.

피사 대성당에 무료로 들어갈 수 있는 티켓을 받아 성당 안으로 들어갔다. 이 성당 역시 벽화와 스테인드글라스가 아름답다. 1060년경에 지어졌다는 성당에는 너무나 섬세하고 화려한 조각상들이 주님과 함께 엄숙하고 경건한 분위기를 이끈다. 전기로 된 촛불을 켰다. 예수님을 바라보고 있자니, 뭔지 모를 평화와 자유와 행복감이 밀려온다. 세계 어디를 가나 안식을 주는 성당, 예수님이 계신 성당 안에는 나를 안아주는 사랑이 흐른다.

8월 4일(일요일)/여행 12일째

_ 모나코/니스/밀라노

여행은 적어도 다음 세 가지의 유익함을 가져다줄 것이다. 첫째로 타향에 대한 지식이고, 둘째로 고향에 대한 애착이며, 셋째로 그대 자신에 대한 발견이다.

– 브하그완

이제 여행은 막바지를 향해 달려간다. 어제 일찍 도착한 에덴 산레모 호텔은 바닷가 옆 주택가 안에 있다. 바다를 끼고 있는 도로 옆으로 펼쳐진 벼룩시장에서 베이지 색 긴 스카프를 한 장 사들고, 아이스크림을 먹으며 거리를 걸었더니 발바닥이 아프다.

오늘은 모나코 왕궁과 프랑스 니스 해변을 가볼 예정이다. 할리우드 스타였던 도회적 이미지의 그레이스 켈리가 모나코 왕자와 결혼하여 비운의 말년을 맞았다는 왕실의 이야기가 동화처럼 전해지

는 나라. 모나코는 카지노와 F1 경기 등으로 유명하다. 전 세계 부자들이 모이는 모나코는 경찰력 또한 우수하다.

구불구불 산길을 돌아 해변가에 위치한 아침의 모나코는 너무나 신비롭고 신선하다. 절벽 위에 지어진 집들은 하나같이 똑같은 모양이 없다.

조용하고 고급스러운 주택들 사이로 보이는 푸른

바다에는 럭셔리한 요트와 배들이 떠 있다. 현재 독립국인 모나코에서 부자의 기준은 요트가 있느냐 없느냐로 구분한다고 한다. 샹송가수가 불렀던 노래 '모나코'가 귓가에 맴돈다.

현재 왕은 알베르 2세이며 왕비는 수영선수 출신인데 최 과장은 만약 자기에게 그런 기회가 오면 좋다고 얼른 수락할 거란다. 하지만 내 생각은 다르다. 평범한

범부로 사는 것이 얼마나 행복한지 알기 때문이다.

지하 2층에 버스를 주차시키고 에스컬레이터를 2번 타고 올라가니 바로 도시가 나온다. 절벽 위에 있는 깨끗한 도로를 따라 쭉 들어가니 양쪽에는 예쁘게 생긴 지중해식 주택들이 제각기 개성을 살려 멋진 외관을 자랑하고 있다.

그레이스 켈리는 오른쪽에 있는 모나코 대성당에서

Parcours
Princesse Grace
05
18 avril 1956
Mariage civil de LL.AA.SS. le Prince Rainier III et la Princesse Grace de Monaco.

Parcours
Princesse Grace
06
19 avril 1956
Cérémonie officielle du mariage religieux de LL.AA.SS. le Prince Rainier III et la Princesse Grace en la Cathédrale de Monaco.

결혼식을 올리고 자동차 사고로 죽은 후 여기서 장례식도 치렀다고 한다. 지금은 남편과 나란히 성당 안 왼편에 묻혀 있다. 성당 안은 많은 성인들을 그려놓은 벽화와 조각상으로 화려하다. 주님께 무사 장도를 기도드리고 한 바퀴 휘둘러보았다.

유럽의 성당은 어느 곳 하나 소홀하거나 밋밋하지 않다. 작은 소

품 하나에도 어쩜 저리 정성과 사랑이 가득한지. 가톨릭의 본산이 유럽이니까 그렇겠지만 그래도 너무 부럽다. 하지만 우리나라 사람들의 믿음만큼은 세계 어느 나라와 비교해도 뒤지지 않는다고 생각한다.

성당을 나와 좁은 골목을 지나 왕궁 앞에 섰다. 근위병 교대식이다. 2명의 근위병들이 하얀 옷을 차려입고 경건하게 교대한다. 오전 정각 9시다.

왕궁은 그저 평범한 건물에 지나지 않는다. 소박하고 겸손한 왕궁 넓은 뜰에서 지중해 바다를 바라본다. 높은 산과 절벽 사이 바닷가에 지어진 현대식 빌딩과 집들이 서로 어울리며 하모니를 이룬

다. 작고 예쁜 모나코 왕국에 온 것이 기쁘다.

파트리크 쥐스킨트가 쓴 『향수』의 배경이 되었던 프랑스 '에즈라' 라는 마을을 거쳐 니스로 간다. 시간이 허락한다면 둘러보고 싶은 곳이다. 최 과장은 프랑스어를 들으면 공중 부양하는 것 같다며 웃긴다. 콧소리로 부앙부앙~ 한다나? 구수하게 말도 잘 꾸며댄다.

점심은 니스에서 자유식이다. 7유로씩 받아들고 2시간 동안 니스를 돌아다니며 구경할 수 있다.

버스는 '영국인의 길'에 우릴 내려놓았다. 남편과 맥도날드를 지나 뒷골목으로 들어가니 잡화점과 카페와 레스토랑이 즐비하다. 일찍 손님 맞을 준비를 끝내고 성업 중이다. 최 과장은 점심을 간단하

게 맥도날드에서 햄버거로 해결하라지만, 좋아하지도 않을뿐더러 여기까지 와서 맥도날드를 찾는다면 억울할 것 같은 생각이 든다. 적어도 니스에 왔으면 니스 음식을 먹어야지.

우리는 골목골목을 쏘다니며 구경하다가 빨간 테이블보가 깔린 예쁜 레스토랑에서 등심비프스테이크와 스테이크 필라프를 시켰다. 도리아처럼 쌀밥인 줄 알았는데 필라프는 소 갈빗살이었다. 스테이크는 생각만큼 맛있었다. 사이드 음식인 감자튀김은 정말 한 소쿠리다. 보기만 해도 질릴 정도로 많다.

이른 점심을 먹고 과일가게에서 청포도와 사과를 샀다. 요즘 과일을 맘껏 못 먹어 과일이 고프다. 앗! 모나코 화장실에다 양산을 놓고 온 모양이다. 강한 햇살을 피하려면 양산이 꼭 있어야 하는데 큰일이다. 할 수 없이 싸구려 우산을 하나 샀는데 중국산이다. 화

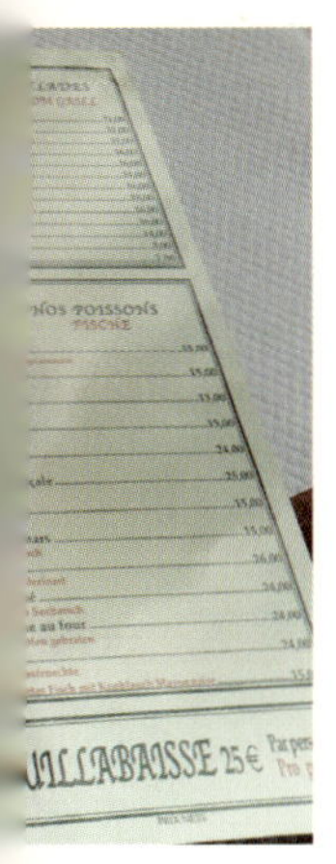

학 냄새도 나고 아무래도 잘못 산 것 같다. 그러나 꿩 대신 닭이라고 할 수 없지 뭐. 이 머나먼 니스에도 그놈의 중국산은 어김없이 진출해 있다. 세계를 제패한 중국 상품들, 정말 대단하다.

남은 시간은 카페에서 잘생긴 프랑스 바리스타가 만들어준 아이스 아메리카노를 마셨다. 너무 맛있다. 여행하면서 커피 같은 커피를 마셔본 것이 처음이다. 아메리카노라기보다는 내가 좋아하는 카푸치노 같다. 꽤 괜찮은 맛을 낸 바리스타에게 감사를~

일행 중 한 가족이 카메라를 집시에게 털렸단다. 에구, 여태까지 찍은 사진들은 우짤까? 속상하겠다.

이제 4시간 30분 동안 열심히 밀라노를 향해 달려야 한다. 롬바르디아 대평원을 지나 버스는 잘도 달린다. 이탈리아의 부자 도시 밀라노. 고딕 양식의 대표 주자인 밀라노 두오모 성당으로 간다.

밀라노는 374년경 암부로시오 대주교를 파견하여 관리했던 도시로 섬유산업이 유명하다. 다시 말하면 밀라노는 패션의 도시다. 밀라노에는 축구단이 2개나 있다고 한다. 그만큼 부자 도시란 뜻이겠지. 최 과장은 밀라노에 가면 제일 먼저 턱부터 받치란다. 감탄하느라고 계속 입을 벌

리고 있다가 턱이 빠질 수 있으므로.

밀라노는 250만 명이 살고 있는 큰 도시로 313년에 콘스탄티누스 황제가 처음으로 기독교를 공인하였으며, 그로부터 80년 뒤 국교로 지정되어 기독교의 뿌리를 이루었다. 밀라노는 1200년부터 1400년까지 200년 동안 두 가문(버스콘티 공작 가문과 스포르차 장군 가문)에 의해 르네상스를 맞게 된다. 또한 레오나르도 다 빈치가 많은 것을 이룬 도시이기도 하다. 1500년경 프랑스의 지배를 받게 되었는데 '모나리자'가 파리 루브르 박물관에 소장된 것도 그 때문이다.

밀라노에서 가장 유명한 두오모 성당은 이탈리아에 있지만 전혀 이탈리아답지 않은 성당이다. 135개의 뾰

족한 첨탑의 고딕 양식으로 이탈리아에서는 성 베드로 성당 다음으로 크다. 두오모 성당의 3,159분의 성자와 사도들의 조각상은 쳐다볼수록 입이 다물어지지 않는다. 정말 턱이 빠질 수도 있겠다. 오

늘이 마침 주일이라 성당 문이 굳게 닫혀 있는 것이 너무 아쉽다.

두오모 성당 바로 옆에 있는 대형 TV에서 삼성제품 광고를 독점적으로 방영하고 있다. 세계 브랜드 삼성!

감개무량. 애국심이 불끈불끈 솟는다. 대단한 Korea의 위상이다. 현대, 기아 자동차도 가끔씩 보인다.

이곳에서 2015년에 엑스포를 개최한다. 두오모 성당 주변은 광장처럼 길이 넓다. 양쪽으로 엑스포에 참가할 나라들 국기가 걸려 있는데 우리나라 태극기도 보인다.

레오나르도 다빈치는 4명의 제자들을 사방에 거느리고 의연하게 서서 오페라하우스 '라스칼라'를 내려다보고 있다. 이 오페라하우스는 전 세계 오페라 가수들이 서보고 싶어 하는 무대로 우리나라 조수미, 김동규 씨도 공연했다고 한다.

족히 70~80년 이상 된 트램이 아직도 주된 교통수단이다. 어쩜 이들은 이렇듯 옛것을 고집하며 지켜나갈까? 우리는 조금만 낡아도

부수고 버리고 새것만을 추구하는데….

두오모 성당과 레오나르도 다빈치상 사이에는 세계에서 가장 아름다운 쇼핑 거리로 일컬어지는 비토리오 엠마누엘레 2세 갤러리

아가 있다. 이곳에 입점해 있는 브랜드는 세계적으로 유명한 명품들로 즐비한데 모두 검은 바탕에 노란 글씨로 간판을 달아야 한다. 자기네 간판을 고수했던 맥도날드 자리엔 프라다가 서로 마주 보

Motta
CAFFÈ-BAR MILANO 1928

PRADA

BERNASCONI
ARGENTERIA DAL 1872

LOUIS VUITTON

고 입점해 있다.

두오모 광장 북서쪽에 위치한 스포르체스코 성은 미켈란젤로가 임종하기 3일 전까지 작업을 했던, 지금은 미완성으로 남겨져 있는 대작 '론다니니의 피에타'가 보관되어 있는 곳이다.

호텔로 1시간 남짓 돌아가는 길. 차창 밖으로 스쳐 지나가는 풍경이 내 눈길을 붙잡는데 맑게 갠 푸른 하늘 아래 뭉텅뭉텅 떠 있는 짙은 회색 구름 사이로 하루 일을 마친 해님이 고단한 몸을 쉬기 위

해 숨는다.

모나코, 니스를 거쳐 밀라노까지 지중해의 코발트색과 어우러진 산들과 절벽 사이의 집들. 인간이 자연을 거스르지 않고 함께 살아가는 모습은 어디서나 아름답다.

니스 해변의 작열하는 태양, 밀라노 두오모 성당과의 뜨거운 만남, 빡빡한 시간을 잘 이용하여 많은 것을 보고 느끼고 생각한 하루가 저물려고 한다. 또 다른 내일의 여정을 위해 오늘도 안녕!

8월 5일(월요일)/여행 13일째

_ 루체른/인터라켄

바보는 방황하고 현명한 사람은 여행을 떠난다.

– T 플러

조식을 도시락으로 준비하여 7시에 부지런히 알프스 관문이며 스위스의 정신적 도시인 루체른으로 간다.

창밖으로 넓고 푸른 호수가 나타난다. 코모 호수다. 북이탈리아와 스위스 사이에 있는 한적한 호수로 유럽의 3대 호수 중 하나이다. 이 호수를 끼고 있는 코모는 이탈리아에서 가장 잘사는 도시라고 한다. 우리나라 모 전자 회사에서 에어컨 광고를 찍은 곳으로도 유명하다. 또한 명품 베르사체 디자이너와 축구 선수 베컴의 별장이 있는 곳이다.

버스는 알프스 산맥 깊숙이 깊숙이 들어간다. 알프스 골짜기에서 흘러온 물이 호수를 만들고 그 호숫가에는 동화 나라 같은 마을이 옹기종기 모여 있다. 수영을 즐기는 사람도, 호수 한가운데 배를 띄우고 낚시 삼매에 빠진 사람도 한가롭다. 차 안에 흐르는 음악 '시크릿 가든'은 어느새 자장가가 되어 눈꺼풀을 무겁게 만든다. 곧 농악놀이가 시작될지도(고개를 전후좌우로 움직이며 자는 모습).

드디어 스위스다. 스위스는 가내수공업, 정밀기계 산업, 터널, 철도 산업 등이 발달하였다. 특히 시계는 세계 최고의 자부심을 자랑한다. 정확하고 부지런한 게르만 민족의 특성을 잘 살린 산업이라고 생각한다. 스위스는 영어, 이탈리아어, 독일어, 프랑스어가 공용어다. 1%밖에 안 되는 켈트어가 스위스 정통 언어다.

천연자원이 풍부하고 알프스 산을 이용한 여름, 겨울 스포츠로 관광업이 호황을 이룬다. 또한 무장 중립 국가를 표방하며 EU연합

버스는 알프스 산맥 깊숙이 들어간다.

알프스 골짜기에서 흘러온 물이 호수를 만들고

그 호숫가에는 동화 나라 같은 마을이 옹기종기 모여 있다.

수영을 즐기는 사람도, 호수 한가운데 배를 띄우고

낚시 삼매에 빠진 사람도 한가롭다.

Gletschergarten Luzern
Jardin des Glaciers Lucerne · Glacier Garden Lucerne

Das Museum
Le musée
The Museum

Swiss Cow-Be

에도 가입하지 않았다. 스위스의 많은 도시들이 살기 좋은 도시로 선정되었으며, 국제회의를 많이 개최하기도 한다. 전 세계 검은 돈의 은닉처로 금융, 보험, 은행업이 발달하였다.

어느새 버스는 스위스에서 가장 긴 터널인 17.5km의 고타드 터널을 지나 루체른에 도착했다. 제일 먼저 '빈사의 사자상'을 보기 위해 빙하공원 옆 작은 공원으로 갔다. 자연석에 새겨져 있는 이 조각은 1792년 프랑스 혁명 때 파리에서 루이 16세가 머물던 궁전을 지키다 전멸한 800명의 스위스 병사들을 기리기 위한 것이다. 커다란 사자가 화살을 맞고 쓰러져 있는 모습인데 고통으로 일그러진 사자의 표정이 사실적으로 표현되어 있어 보는 이에게 그대로 전달된다.

날씨는 맑고 화창하다. 다리 양쪽으로 주황, 보라색의 꽃들이 화

려하게 장식된 카펠교가 눈에 들어온다. 카펠교는 1333년에 완성된 기와지붕이 있는 목조 다리다. 길이가 200m이며 지붕을 받치고 있는 기둥에는 모두 112개의 삼각형 널빤지 그림이 걸려 있는데, 역대 수호성인과 전쟁 영웅들의 생애가 그려져 있다.

주변 강물 위에는 희고 몸집이 큰 거위와 백조, 오리 떼가 한가로이 물놀이를 즐긴다.

이제 다시 버스는 인터라켄을 향해 떠난다. 알프스 산자락의 봉우리들이 제각기 자신의 모습으로 나타났다 사라졌다 한다. 산등성이에 있는 푸른 초원과 그 사이 사이에 있는 집들, 정말 목가적이다. 스위스의 집들은 다른 중·남부 지역의 집들보다 더 작고 지붕은 짙은 갈색이다. 겨울 추위에 대비한 것이기도 하겠지만 산속에 위치해 있기 때문인지도 모르겠다. 알프스 소녀 하이디도 이런 집에서 할아버지랑 살았겠지? 정겨운 마을, 귀엽고 아기자기한 집들을 바라보며 이 속에서 삶을 이어가고 있는 사람들의 온화한 미소를 떠올려본다.

최 과장은 하더쿨룸행 기차 시간과 점심시간이 맞지 않는다며 계속 징징거린다. 상황에 따라 해야겠지. 걱정한다고 될 일은 아니니까. 그래도 인솔자로서 점심식사가 늦어지니까 미안한 모양이다. 여태까지 잘해 왔는데 뭐.

산자락에 점점이 박힌 집들과 청회색의 호수 빛깔과의 조화는 또 다른 신비감을 자아낸다. 그 속에 낚싯대를 드리우고 나무그늘 아래서 여유를 즐기는 마을 사람들. 마치 시간이 정지된 것 같다.

철길 따라 흐르는 개천의 물 색깔이 엷은 녹색에 석회가루를 풀어 놓은 듯하다. 알프스 산 중턱에 걸터앉은 구름은 이처럼 아름다운

철길 따라 흐르는 개천의 물 색깔이 옅은 녹색에
석회가루를 풀어놓은 듯하다. 알프스 산 중턱에 걸터앉은 구름은
이처럼 아름다운 모습을 내려다보며 무슨 생각을 할까?

모습을 내려다보며 무슨 생각을 할까? 브리엔츠 호수 주변의 주민들은 약 5천 명 정도로 대부분 관광업에 종사한다고 한다.

산꼭대기는 이끼를 심어놓은 것처럼 연녹색이고, 골짜기를 따라 나무와 바위들이 서로 조화를 이룬다. 그 밑으로 녹색의 초지 위에 띄엄띄엄 그림 같은 집들이 호숫가에 마을을 이루며 살고 있다. 자연이 빚어낸 이 풍경들을 어떤 언어로 묘사할 수 있을까? 나도 이 안에서 단 며칠만이라도 입 다물고 살아보고 싶다. 번잡하지 않은 고요와 침묵 속에서….

버스는 굴을 지나 달리고 또 달린다. 드디어 인터라켄이다. 산과 산 사이에 넓은 평지를 지닌 도시다. 창밖으로 기차역이 보인다. 어렸을 적에 탔던 태백선 열차의 향수를 느끼게 하는 산속에 묻힌 작은 역이다. 융프라우로 가는 기차도 여기서 출발한다.

산으로 둘러싸인 사랑스런 도시 인터라켄에는 한국인이 하는 음

식점이 있다. 맛깔스런 반찬과 된장찌개로 점심을 맛있게 먹었다. 홀에서 음식을 나르는 학생이 한국말을 어눌하게 한다. 말레이시아에서 왔는데, 아르바이트를 하면서 학비를 번다고 한다. '나도 은퇴하고 여기 와서 예쁜 펜션이나 할까' ㅋㅋ~

줄을 서서 하더쿨룸을 오르는 기차를 탔다. 경사가 거의 80도 이상 되는 절벽을 깎아 만든 철길을 따라 두 칸 정도 되는 빨간색의 푸니쿨라 두 대가 오르내린다. 철길은 단선이다. 중간에 굴을 지나면 복선 구간이 있는데 이곳에서 열차가 교차한다. 정말 좋은 아이디어다. 정상은 무지 넓다. 관광객을 위한 레스토랑도 있고, 아이스크림과 커피를 파는 야외 카페도 있다.

전망대에서 내려다본 시가지는 너무나 작고 아스라한데 반대편 눈앞에 만년설이 하얗게 덮인 융프라우가 보인다. 가까이 가서 직접 보는 것도 좋겠지만, 멀리서 조망하는 것도 꽤 괜찮다. 융프라우는 다음 기회에 꼭 가봐야 할 곳이지만.

하늘에 떠 있는 구름이 너무나 하얗다. 이렇게 하얀 구름은 처음 본다. 파란 하늘과 대비되어 더 하얗게 보이는지도 모르겠다. 뭉쳐

Harderbahn

있던 구름이 점점 흩어진다. 흩어지는 속도가 너무 빨라 구름 모양이 금세금세 변한다. 자연의 신비함에 빠져 고개가 아픈 줄도 모르고 한동안 하늘을 쳐다보았다.

도시 중심부에는 명품 시계를 파는 면세점이 있는데 유명한 스위스 시계는 다 모여 있다. 초콜릿 가게에서 맛보기 초콜릿을 먹어보니 스위스 초콜릿도 맛있다. 사가고 싶지만 더운 날씨가 문제다.

알프스에서 눈 녹은 물이 흘러내려 호수를 이룬 툰 호수, 정말 장대하고 푸르다. 호수에 물결이 이니 바다가 출렁거리는 것 같다. 일광욕을 하며 물놀이 하는 사람, 윈드서핑, 카누, 보트 등 제각기 좋아하는 것으로 한낮의 스위스 햇빛을 즐기고 있다.

툰 호수를 마지막으로 버스는 스위스와 접경지역인 프랑스로 달린다. 이탈리아 젊은 기사 안토니오는 말없이 운전도 잘한다. 얼마나 힘들까? 착한 기사다.

자다 깨다 3시간을 달려 프랑스 작은 마을에 도착했다. 그라체, 안토니오!

8월 6일(화요일)/여행 14일째

디종/파리 _

쾌락은 우리를 자기 자신으로부터 떼어놓지만, 여행은 스스로에게 자신을 다시 끌고 가는 하나의 고행이다.

– 카뮈

지난밤 에어컨이 아주 약해서 남편이 많이 더웠나 보다. 잠을 잘 못 잤다고 한다. 난 세상모르고 잤는데, 조금 미안한 생각이 든다.

베스트 웨스튼 호텔의 아침식사 중 바게트 빵이 아주 맛있었다. 각설탕 모양도 가지각색으로 색깔도 다양하다. 호텔이 아담하고 깨끗해서 여행객들이 묵기에는 괜찮다고 생각된다. 게다가 프랑스 전역을 갈 수 있는 벨포트 역이 바로 길 건너 맞은편이다. 최 과장 말로는 테제베가 더럽고 많이 낡았다고 한다. 우리나라 KTX의 표본인 테제베를 타봤으면 했는데, 여건상 다음 기회에. 오늘 우리는 계속해서 버스로 프랑스 디종에 간다.

아침 일찍 떠나기로 했는데, 갑자기 앰뷸런스 소리가 들리더니 우리가 묵고 있는 호텔 앞에서 앵앵 거리며 멈춰 서 있다. 무슨 일이 생긴 것 같다. 일행 중 남자 한 분이 아침에 옷장 모서리에 머리를 부딪쳐서 찢어졌다고 한다. 에구구, 조심 좀 하지. 일찍 가나 했더니 10시가 넘어야 출발할 수 있단다. 최 과장도 고생이다. 프랑크푸르트에서 나 때문에 병원에 다녀왔는데, 오늘 또 사고가 났으니 말이다.

호텔 앞에는 도로를 다 파헤치고 무슨 공사를 하는지 너무 시끄럽다. 정확히 10시 18분에 출발했다. 이제 프랑스 부르고뉴 와인 최대 생산지인 디종을 거쳐 파리로 간다. 디종

Jésus, j'ai confiance en Toi!

으로 가는 길에 비가 내린다. 아침에 TV에서 보니 파리 날씨는 천둥 치고 비가 온다고 했는데 우리가 도착할 때면 개겠지?

점심식사를 위해 디종에 있는 중국 음식점에 들렀다. 아침에 가지고 나온 마지막 누룽지와 콩자반, 더덕무침으로 점심을 대신했다. 건더기도 없는 닭국물이 둥둥둥~ 난 정말 심한 음식 결벽증이다. 식성도 가지가지라서 일행 중 한 명은 여기 음식이 여태까지 먹은 음식 중에 가장 맛있었다나?

디종은 겨자와 특급 와인 로마네 콩티가 생산되는 식도락의 도시이며 교통의 중심지다. 인구는 약 15만 명 정도이고 부자가 많은 도시다.

비가 그치고 햇살이 비친다. 음식점 맞은편에 있는 성당을 둘러봤다. 귀족적이고 세련된 루이 왕가들이 금방이라도 튀어나와 손을 흔들어줄 것 같은 파리로 출발이다. 평화롭고 비옥한 도시 디종 안녕!

구름이 모두 걷히고 파란 하늘이 드러난다. 고속도로 주변의 넓은 평야와 방목된 소, 한가로운 농촌 주택들. 평화 그 자체다. 비갠 후의 나뭇잎들은 더욱더 산뜻하고, 차들은 막힘없이 쭉쭉 뻗어 있는 도로를 시원하게 내달린다. 이제 16일간의 유럽여행이 거의 끝나간다.

푸른 초원의 넓은 목장에서 마음대로 풀을 뜯고 있는 소들을 보니, 움직일 수도 없는 우리에 갇혀 스트레스를 받으며 자라는 우리나라 소들이 생각나 마음이 불편하다.

밀을 수확하고 난 자리에는 돌돌 말아놓은 밀단이 군데군데 원기둥 모양으로 놓여 있다. 보기만 해도 풍요롭고 고즈넉한 모습이다. 얕은 구릉같이 생긴 나지막한 산들과 끝도 없이 펼쳐지는 들판 사이에 띄엄띄엄 있는 농가 그 자체가 한 폭의 그림이다. 밀단을 쌓아놓은 비닐이 햇빛에 반짝인다.

세계 모든 사람들의 연인 파리는 내게 어떤 모습으로 다가올까? 밤의 파리는 화장한 화려한 여인의 모습이고, 낮의 파리는 부스스하고 무뚝뚝한 여자라고 하는데.

휴게소에서 에스프레소 커피를 한 잔 마셨다. 차만 타면 눈이 저절로 감기니~ 커피 맛이 좋다. 이탈리아에서는 양이 적고 진한 대신 여기는 약간 연한 맛이지만 아주 순하고 부드럽다. 이런 게 바로 여행의 묘미 아닐까.

파란 하늘 아래 그야말로 흰 구름이 두둥실 떠 있다. 손을 뻗어 잡으면 잡힐 것처럼. 햇살은 엄마 젖가슴처럼 온화하다. 꼭 우리나라 청명한 가을 같은 날씨다. 3시간 이상을 달리고 있지만, 너른 들판은 끝도 없고 멀리 지평선이 보인다.

드디어 호텔에 도착했다. 지금까지 수고한 안토니오에게 인사를 전하고 짐은 호텔에 놔둔 채 파리 야경 투어에 나섰다. 파리 시내를 관광할 수 있는 로컬버스 기사는 깔끔하지만 날카로워 보인다.

긴 줄을 서서 힘들게 들어간 에펠탑 위에서 내려

다본 해 질 녘의 파리 시내 전경이 동서남북으로 뻗어 있다. 떨어지는 해의 긴 꼬리가 아쉬운 듯 여운을 남기는 이 시간의 파리 모습은 묘한 분위기를 자아낸다. 멀리 몽마르트르 언덕에는 성모님상이 보이고 파리 시내는 방사선으로 일사불란하게 잘 정돈된 하나의 커다란 작품이다.

밤배를 타기 위해 부지런히 센 강으로 달렸다. '바토무슈'라는 이름의 배에는 먼저 온 사람들이 자리를 차지하고 앉아 있다. 2층에

군데군데 비어 있는 자리를 찾아 앉았다.

배에서 쏘아주는 불빛 속에 강을 따라 옛 역사를 간직한 건축물들이 하나둘 시야에 들어온다. 자랑스럽게도 안내방송에서 우리나라 말이 흘러나온다. 센 강 투어에도 우리말이 나오다니. 영어, 프랑스어, 독어, 중국어 등과 어깨를 나란히 하고 들려오는 한국어 설명. 돌아가신 세종대왕님께 다시 한 번 감사 인사를 드려야 하는 건 아닌지.

그런데 가만히 들어보니 일본말이 안 들린다. 2차 대전의 전범

국인 일본을 좋아하지 않기 때문인가? 무슨 이유인지는 모르겠지만 내심 기분은 좋다.

센 강변을 중심으로 루브르 박물관, 노트르담 성당, 콩코르드 광장의 오벨리스크 등 수많은 건축물에 대한 설명이 각 나라 언어로 이어진다. 우리나라 말은 여자 목소리로 맨 마지막에 나온다.

배는 물살을 가르고 유유히 그러나 늦지 않게 달리고, 바람은 시원하다 못해 춥다. 강변 곳곳에는 많은 사람들이 이 밤을 즐기기 위해 삼삼오오 짝을 지어 즐거운 시간을 보내고 있다.

드디어 에펠탑에 불이 켜졌다. 사람들이 지르는 함성이 전해 온다. 배 위에서 바라본 에펠탑은 정말 멋있다. 탄성이 "우~와" 하고 저절로 흘러나온다. 너무 요란하지도 너무 흐리지도 않은 에펠탑의 불빛은 센 강물 위에서 따뜻하게 일렁인다.

황홀할 정도로 아름다운 파리의 밤이다. 그래서 파리는 모든 사람들의 연인인 모양이다. 이번 여행의 마지막 밤을 야경 보는 것으로 장식했으니 화룡점정이라고 할까?

밤 12시가 넘어서 호텔에 들어왔다. 몸은 피곤하고 힘들었지만, 마음속엔 에펠탑 불빛으로 가득하다.

8월 7일(수요일)/여행 15일째(마지막 날)

_ 파리

세계는 한 권의 책이다. 여행하지 않는 자는 그 책의 단지 한 페이지만을 읽을 뿐이다.

– 성 아우구스티누스

새벽에 잠이 깬 남편이 창문을 열어보고 비가 많이 온다고 한다. 오늘은 파리 시내 투어를 마치고 한국으로 돌아가는 날이다. 비행기 탈 때는 비가 오지 않았으면 좋겠다.

파리 거리에 비가 내린다. 하늘은 잔뜩 흐려서 전체적으로 가라앉은 분위기다. 비와 바람이 가로수 잎사귀를 못 살게 군다.

파리 시내 건물들은 주로 5~6층으로 된 주상복합 건물인데, 2층과 3층에는 귀족들이 살았다고 한다. 개선문에서 현지 가이드와 만났다. 비와 바람이 몰아쳐 제대로 걷기도 힘들다. 개선문 광장을 일

명 별 광장이라고 하는데, 개선문을 중심으로 12개의 거리가 뻗어 있어 위에서 보면 별처럼 보인다고 해서 붙여진 이름이다.

샹젤리제 거리를 걸어보고 싶었지만, 반갑지 않은 비 때문에 불가능할 것 같다. 개선문을 돌아보는데 신발이 다 젖었다. 하지만 그냥 가기는 아쉬워서 남편과 샹젤리제 거리를 조금 걸었다. 지난밤에 본 화려했던 거리가 빗속에 묻혀 적막하다. 빗속의 샹젤리제, 색다른 느낌이 너무 좋다.

버스는 몽마르트르 언덕을 향해 달린다. 양쪽 길가로 1850년부터 지어진 건물들이 6층 높이로 서 있다. 그 당시에 고층 건물을 지을 수 없도록 하였기 때문에 7층 이상의 건물은 보이지 않는다. 우리나라로 말하자면 주상복합 건물인데 한 칸에서부터 한 층을 다 쓰는 사람도 있다고 한다. 건물 자체만 사고팔 수 있으며 건물 외관은 파리시의 소유라서 마음대로 고칠 수 없다.

파리 시내에는 큰 공원이 많다. 옛날에는 귀족 전유물이었는데, 이제는 파리 시민 누구나 이용할 수 있다.

빗줄기가 점점 더 굵어진다. 몽마르트르 언덕 위에 우뚝 서 있는 프랑스 3대 성당 중 하나인 성심성당(사크레

쾨르 성당)을 가기 위해 리프트를 탔다. 몽마르트르는 '순교자의 언덕' 이라는 뜻이다. 1870년대 보불전쟁에서 독일에 패한 프랑스는 1년간 전쟁 보상금을 갚았다. 정신적으로나 육체적으로 고생한 파리 시민을 위해 가톨릭 신자들이 자발적으로 모금하여 지은 성당이 성심성당이다. 비잔틴 양식의 성당 외관은 순수한 석회암으로 지어져서 시간이 지날수록 빗물에 바래 희끄무레한 색을 띠고 있다. 성당 내부에서는 사진을 찍을 수 없다. 성당 왼쪽에는 생루이 9세, 오른쪽에는 잔 다르크 기마상이 있다.

성당 정문 입구에는 '우리는 밤낮으로 기도하는 여러분을 기다립니다'라는 문구가 쓰여 있다.

히틀러가 쏜 포에도 거뜬히 살아남은 기적의 성당이므로 기도가 잘 이루어진다고 한다. 성당 안에는 엄숙한 분위기가 흐르고, 꿇어 앉아서 기도하는 사람들의 표정이 절절하다. 가운데 천장에는 성령으로 둘러싸인 예수님이 마을을 평화롭게 내려다보신다. 꽃 모양의 스테인드글라스도 화사하다. 주님께 사랑하는 아들 부부를 위해 간절한 기도를 드렸다. 마음이 따뜻해진다. '내가 부모 되어 알아보리라~'라는 유행가 가사처럼 자식을 향한 부모의 마음은 어쩜 이리도 한결같이 애절하고 외골수인지. 세상의 모든 부모가 다 그러하다.

성당 주변으로 펼쳐진 화가의 거리에는 비가 내리는 관계로 몇 명 안 되는 화가들이 자신의 작품을 펼쳐놓고 팔리기를 기다린다. 화가의 광장은 예술가의 거리(테스트르)로 19세기 후반 이래 피카소, 고갱, 드가, 고흐 같은 무명 화가들이 산동네 몽마르트르에 터를 마련하고, 낮에는 일반인의 초상화를 그려주며 생계를 유지했다고 한다. 매일 토론을 벌이고 예술적 고뇌로 번민하며 이 거리를 오갔을 그들을 떠올리니, 거리 구석구석에 그들의 자취가 남아 있는 것 같다. 그들이 거닐었던 거리를 오늘은 비를 맞으며 내가 걷는다.

그림 한 점을 싸게 사고 싶어서 흥정을 했는데 프랑스인의 자존심인지 깎아주지 않는다.

파리 시내 도로는 좁은 것 같은데 구석구석 대형버스가 다 들어갈 수 있다는 것이 신기하다. 파리시를 건설할 때 미래를 내다보고 계획을 짠 사람들의 안목이 부럽다.

오늘의 하이라이트 루브르 박물관을 관람할 차례다. 루브르 박물관은 본래 왕궁이었으나 루이 14세가 베르사이유 궁전으로 왕실을 옮김에 따라 폐궁이 되어 100년 정도 버려진 채로 있었다. 그 후 1989년 미테랑 대통령이 박물관의 모습으로 재탄생시킨 것이 오늘날 루브르다.

루브르, 오르세, 퐁피두 미술관 중에서 비싼 그림은 루브르 박물관이 소장하고 있다. 루브르를 관람하려면 루브르에 관한 전문가와 함께하는 것이 좋다. 같은 그림도 설명을 듣고 봐야 제대로 감상할 수 있을 테니까. 차분하고 재밌게 작품 설명을 해주는 남자 가이드를 따라 루브르를 탐색할 생각에 마음이 설렌다.

비가 와서 그런지 관람객이 많아도 너무 많다. 인파에 밀려다니게 될 판이다. 매년 수천만 명의 관광객이 루브르 박물관을 찾는 것을 보면 '인생은 짧고 예술은 길다'라는 명언이 그냥 생겨난 게 아

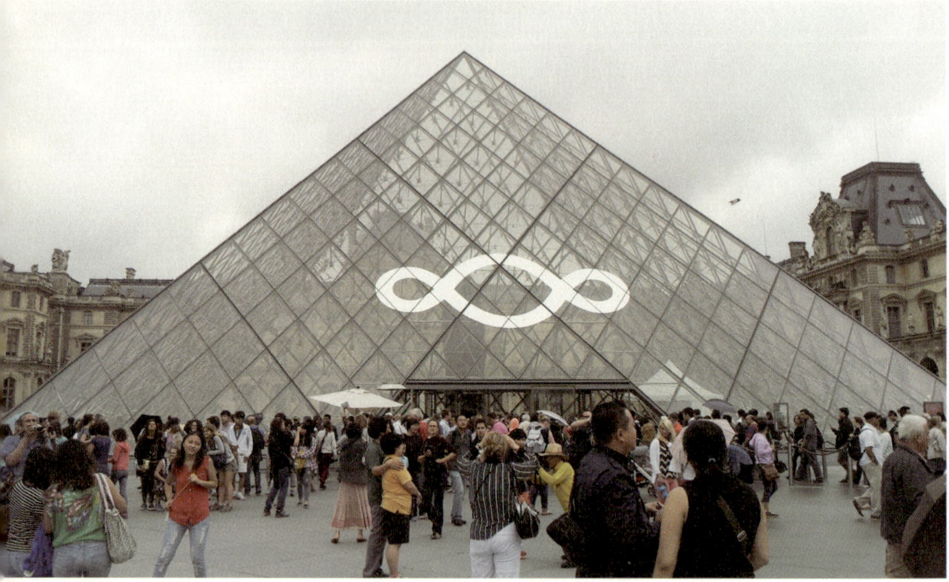

EXPOSITION
L'EUROPE
DE RUBENS
Prochainement

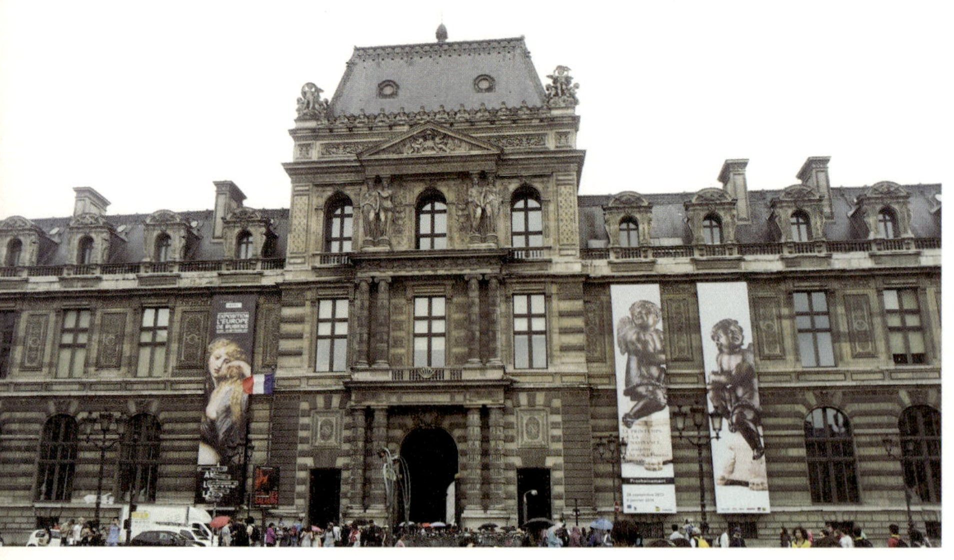

닌 것 같다.

밀러의 '비너스' 조각과 천재화가 레오나르도 다빈치의 '모나리자'를 비롯한 유명작품 앞에는 어김없이 사람들로 몸살이다. 겨우겨우 자리를 비집고 들어가 이리 보고 저리 보면서 작품에 심취해 본다. 전문가의 설명을 들으며 보니까 그냥 무작정 보는 것과는 천지차이

다. 미술품을 감상하는 안목이 생긴다고나 할까?

중요한 몇몇 작품들만 골라서 보고 나오니 아직도 파리 하늘은 비구름에 덮여 우중충하다. 콩코르드 광장을 지난다. 하늘을 향해 손짓하는 오벨리스크는 고국 이집트를 그리워하면서 타국의 광장 한가운데 외로이 서 있다.

마리 앙투아네트와 루이 16세의 결혼식이 열리고 또 이 두 사람이 단두대의 이슬로 사라졌던 비운의 콩코르드 광장을 뒤로하고 센강을 따라 서쪽으로 이동한다.

창밖으로 파리 정원의 특이한 나무들에 눈길이 간다. 인위적으로

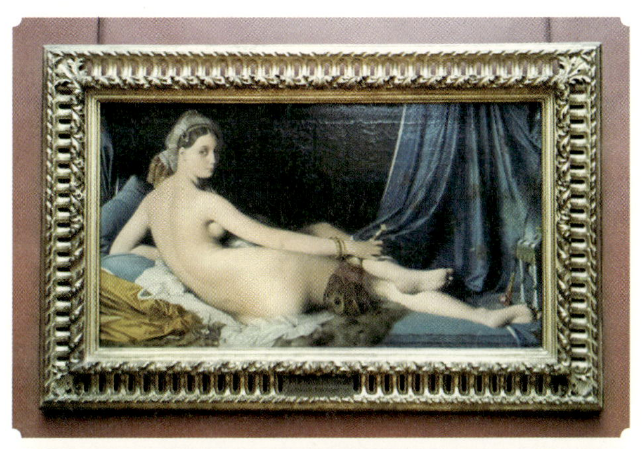

전지하여 하늘을 향해 날아오를 것 같은 포탄 모양이다. 녹색의 포탄이라서 그런지 위협적이지는 않다. 다른 곳에서는 볼 수 없는 파리 정원의 독특한 모습이다. 로댕 박물관을 지나니 오른쪽으로 앵발리드라는 돔 모양의 황금지붕 성당이 보인다. 이곳에 나폴레옹의

관이 있다고 한다.

예술적 고뇌와 번민, 가난 속에서 살았던 비운의 화가 고흐가 그린 '오베르 성당'의 배경이 되었던 노트르담 성당은 들어가지 못하고 성당 외관만 보았다. 외관만큼이나 화려한 금빛 성당 안에 들어가 볼 수 없어서

정말 서운하다. 신비로움과 장대함 그리고 화려함까지 갖춘 내부는 사진에서 본 것보다 더 섬세하고 정교한 조각들이 미의 극치를 이룰 텐데….

배꼽시계가 운다. 오늘 점심은 파리에서 맛있다고 소문난 식당에서 먹는다. 파리에 오면 "무슨 요리를 먹을까요?"가 아니라 "어디서 먹을까요?"라고 묻는 게 정확한 질문이라고 한다. 그만큼 같은 음식이라도 식당에 따라 맛의 차이가 난다는 얘기가 아닐까? 식당 주인은 우리나라 ㅇㅇ호텔에서 셰프로 일했던 분이다. 유명인사들도 파리를 방문하면 이곳을 찾는다고 한다. 그래서인지 음식 맛이 정말 좋았다. 제일 먼저 전식으로 오븐요리인 에스카르고(식용 달팽이 요리)가 나왔는데 깔끔하고 식욕을 돋우었다. 본식은 포도주에 잰 소고기 찜 요리로 누린내도 안 나고 연하고 맛있었다. 후식은 치즈 요플레.

식사를 마치고 버스로 오니, 프랑스 기사가 단단히 화가 나 있다. 가이드만 버스에 태우고 불만사항을 강하게 항의하는 모습이 보인다. 누가 버스 통로 바닥에 씹던 껌을 붙여놓았단다. 에구~ Korea 망신 또 시키는구먼.

이제 파리에서 유명한 브렝땅 백화점으로 간다. 오른쪽으로 '뽀

숑' 간판이 보인다. 파리에서 살았던 울 예쁜 며느리가 "어머니, 시간되시면 뽀숑에서 차 한 잔 마셔보세요" 했던 곳이다. 일정 때문에 그냥 지나치려니 아쉬움이 남는다. 유명한 카페에서 차를 마시며 파리를 더 깊이 느껴봐야 하는데….

추적추적 내리던 비는 어느새 그치고 서울로 돌아갈 시간이다. 샤를드골 공항을 향해 버스는 핸들을 돌린다.

꿈에 부푼 예술가들이 사랑한 도시 파리! 영화 '퐁네프의 연인들'을 보면서 파리 여행을 꿈꾸어왔던 이곳을 떠날 시간이다.

사랑스런 파리, 안녕! 다음에 다시 만날 때까지.

여행은 중독이다. 마약과 같다. 단순히 휴가나 방학을 이용하여 놀러간다는 들뜬 개념이 아닌, 미지의 장소를 찾아 배우러 간다는 생각으로 출발했던 여행이다. 이번 여름도 정말 가고 싶었던 곳들을 다녀왔다는 기쁨으로 가득 차서 더운 줄도 모르고 지냈다.

"여행의 즐거움은 낯선 세계를 만나는 데 있다. 어떤 사람과 만날지 밤하늘의 별이 얼마나 영롱하게 빛날지 다음 행선지에는 어떤 것이 펼쳐져 있을지 알 수 없기에 여행은 설렌다."

– 이영남의 『**푸코에게 역사의 문법을 배우다**』 중에서

아름다운 유럽에 발을 들여놓았을 때 설렜던 느낌들을 중얼중얼 풀어놓으려니 생각처럼 쉽지 않다. 여행지에서 느낀 따끈따끈한 경험들은 시간이 지나면 유리 파편처럼 편린이 되어 산란하게 흩어져 버린다는 것을 알기 때문에 이번에도 글로 남기고 싶었다. 그때의 기분을 고스란히 그대로 간직하기 위해서.

여행은 몸과 마음의 휴식을 얻기 위해 떠나는 또 다른 일상이라는

생각이 든다. 목적지를 향해 잘 포장된 도로를 정신없이 달리다가 한적한 시골길에 들어서서 주위의 자연과 호흡을 맞추고 잠깐 내려 잠시 쉬어가는 여유로움이 아닐까?

또다시 일상으로 돌아가 바쁜 하루하루를 보내다 보면 여행지에서 보낸 날들이 문득문득 떠올라 한 번씩 미소 짓게 하는 활력소가 될 것이기 때문이다.

떠날 때의 흥분을 가라앉히고 아쉬운 마음으로 돌아와 현관에 발을 들여놓으며 '아, 내 집이야말로 정말 포근한 곳이야' 하고 느끼게 되는 여행은 나에겐 귀한 공기와도 같은 존재다.

사랑하는 남편이 항상 옆에 있기에 더욱 편하고 즐거웠던 이번 여행을 내 인생의 한 페이지에 살며시 끼워 넣으며, 무사히 다녀올 수 있도록 함께해 주신 주님께 감사드린다.

– 가을의 끝자락에 판교에서